...ES MUSS WAS BESONDERES BLEIBEN.

Prinz Pi

CALLWEY

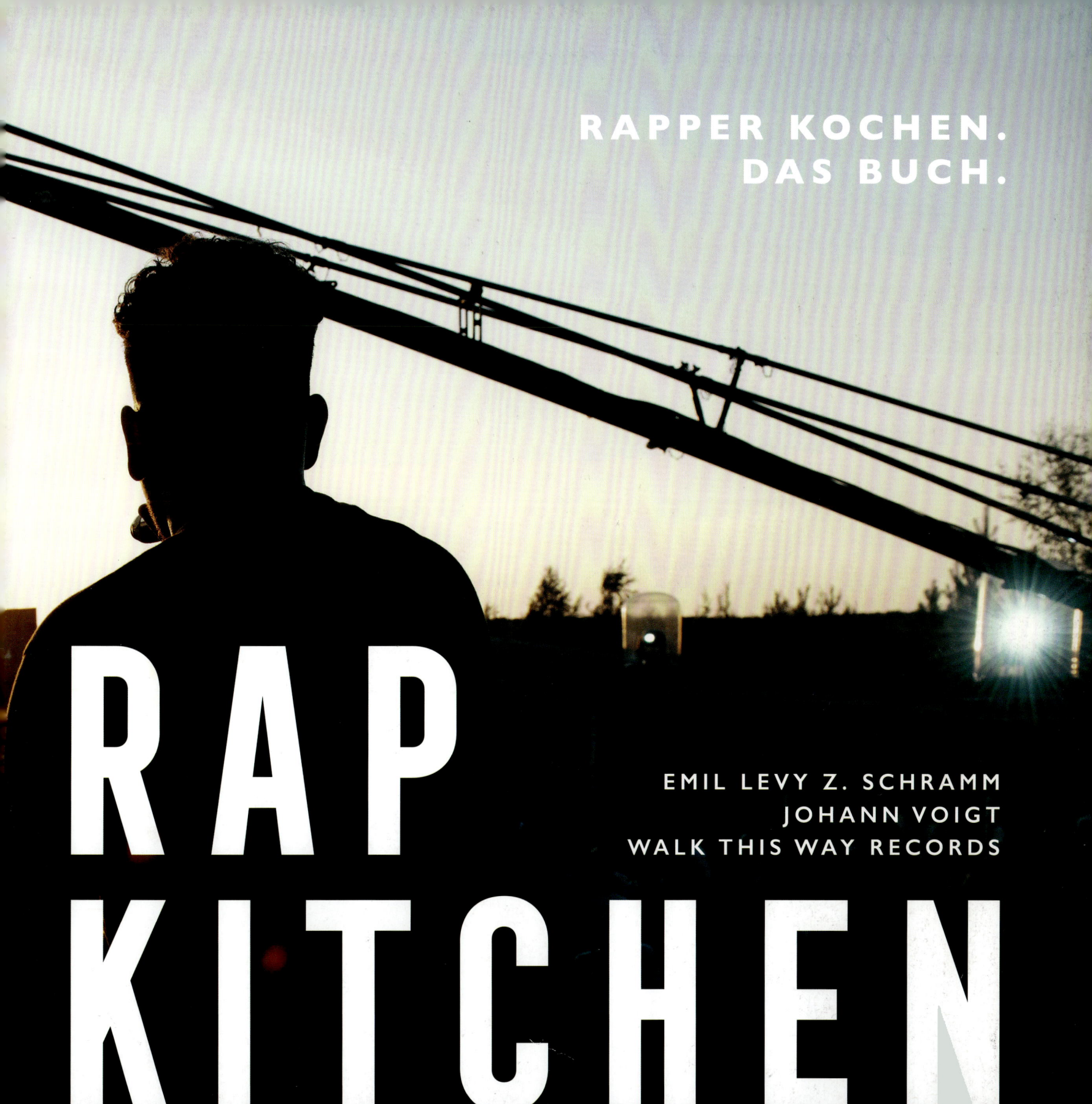

Vorwort – 6
Chakuza – 8
Hayiti – 20
Marvin Game – 28
Harris – 36
Manny Marc & Tai Jason – 44
HAZE – 56
Bass Sultan Hengzt – 64
MC Bomber – 72
Eunique – 80
Plusmacher – 88
Eko Fresh – 96

INHALT

Sido – 104
Silla – 116
3PLUSSS – 124
Chefket – 132
Omik K – 144
Maeckes – 152
Mauli – 160
Prinz Pi – 174
Jaysus – 182
Dank – 190
Rezeptregister – 191
Impressum – 192

»Ich hab' da einen guten Restaurant-Tipp für dich, das ist der beste Laden der Stadt.« – Diesen Satz habe ich unzählige Male nach Interviews gehört, wenn mein Team und ich nach harter Arbeit für den wohlverdienten Feierabend nach einem anständigen Abendessen in einer fremden Stadt gesucht haben. Er brachte mich in verschiedenste Lokalitäten: Dönerbuden am Marktplatz oder High-Class-Restaurants, Restaurants, in denen die Tischdecke besser gefaltet war als das Steak gewendet, und Läden, die auf den ersten Blick nicht wirklich einladend wirkten, sich im Nachhinein aber als echte Highlights entpuppten.

Aus all den Essenstipps und Restaurant-Vorschlägen sticht für mich eine Geschichte bis heute heraus, weil sie nicht nur gutes Essen zur Folge hatte, sondern auch die Herzlichkeit der Gastgeber wunderbar beschrieb. Als Celo & Abdi im Jahr 2012 ihr Debütalbum »Hinterhofjargon« auf den Markt brachten und wir in der Promophase zum ersten Mal aufeinandertrafen, fragte mich Celo, was ich gerne essen würde. »Wenn ich mit dir unterwegs bin, muss es irgendwann, Ćevapčići geben«, sagte ich. »Du weißt doch sicher, wo es gute gibt.« Zwei Tage später machten wir uns auf den Weg – und der Weg dahin war bizarr: Durchs Wohngebiet, über die Seitenstraßen, an der Autobahn vorbei, dann hielten wir unter einem Autobahnkreuz vor einem Vereinsheim. Ein Kaninchenzüchter-Verein war hier beheimatet; es gab weit und breit keine Anzeichen für einen angesagten Foodspot, keine Speisekarte oder Sonstiges. Doch in der Küche stand der Bruder eines Cousins von Celo, und der lieferte richtig ab. Kaninchen habe ich keine gesehen – aber die besten Ćevapčići meines Lebens gegessen.

Rapper mit einer Vorliebe für gute Küche haben übrigens durchaus Tradition. Schon Toni-L, seines Zeichens Deutschrap-Veteran der ersten Stunde und als Teil von »Advanced Chemistry« ein dicker Eckfeiler der deutschen Musikgeschichte, hat als »Toni der Koch« seine Liebe zu guten Speisen in Reimform gepackt. Oder das Rap-Schwergewicht Action Bronson: Er begann als Koch, verband dann den Rap damit und ist heute sowohl Host seiner eigenen Kochshow als auch ein gefeierter Künstler, der seine Leidenschaft für gutes Essen textlich immer wieder thematisiert. Selbst ganze Alter Egos sind auf der Vorliebe für das Kulinarische aufgebaut – wobei zum Beispiel »Imbiss Bronko«, a.k.a. King Orgasmus One, mehr für den Imbiss-Lifestyle steht als für Kochrezepte auf Michelin-Stern-Niveau. Wie wichtig das Essen für Rapper ist, hat nicht zuletzt Haftbefehl bewiesen, der seiner Mama eine 20.000-Euro-Küche kaufte.

Egal, ob im Restaurant oder selbst gemacht: Am Ende ist es mit gutem Essen wie mit guter Musik. Manchmal muss es schnell gehen, aber manchmal sollte man sich einfach Zeit zum Zelebrieren nehmen. Wirklich Eindruck hinterlassen eben nur die Dinge, in denen Zeit und Liebe steckt – zum Rausschmecken oder zum Raushören. In diesem Sinne: Viel Spaß mit diesem wundervollen Buch. Und wenn ihr weitere kulinarische Tipps für mich habt – immer her damit!

Niko Hüls
Chefredakteur BACKSPIN Mag

CHAKUZA

Vom Koch zum Rapstar in einer Nacht – etwas verkürzt dargestellt ist Chakuza genau das passiert. Bushido nahm ihn mit nach Berlin und gab ihm eine Plattform. Was sich daraus entwickelte, ist eine bis heute andauernde Karriere. Gleichzeitig ist Chakuza der am besten kochende Rapper Deutschlands. Das ist aber auch kein Wunder: Früher war er Küchenchef in einem Restaurant. Chakuza weiß genau, was schmeckt – und welche Zutat zu fast allem passt.

„ICH KANNTE NICHT MAL DEN UNTERSCHIED ZWISCHEN PETERSILIE UND SCHNITTLAUCH."

Wäre Bushido nicht gewesen, dann würde Chakuza heute entweder in einem Edelrestaurant kochen oder als Scharfschütze bei der Polizei arbeiten. Aber Bushido war nun mal da, in Linz, 2005, und spielte dort ein Konzert. Chakuza und sein Freund DJ Stickle nannten sich damals noch »Beatlefield« und drückten Bushido kurz entschlossen ein Demotape in die Hand. Wenig später meldete sich Bushido tatsächlich bei den beiden, holte sie nach Berlin – und plötzlich war nichts mehr wie vorher. Quasi über Nacht wurden beide zu Erfolgsproduzenten und waren maßgeblich am Album »Staatsfeind Nr. 1« beteiligt. Heute existiert »Beatlefield« nicht mehr. Chakuza hat mehrere erfolgreiche Rapalben veröffentlicht, auf denen er auch Indierock-Einflüsse zulässt. Und er hat sich ein Haus in Bayern gekauft – inklusive Garten und jeder Menge frischem Gemüse.

Wir treffen Chakuza allerdings in Berlin. Platz für einen Garten hat er vor seiner dortigen Wohnung nicht, stattdessen laufen wir mit ihm durchs FrischeParadies in Berlin Friedrichshain. Frischer geht's nicht in der Großstadt. Chakuza trägt dunkle Kleidung und ein schwarzes Cap. Wenn er spricht, dann ist ein tiefes Grummeln und Grollen zu hören, und ein leichter österreichischer Akzent. Seine Stimme ist das essenzielle Stilmittel seiner Musik; sie lässt seine Sätze bedeutungsvoll klingen. Große Bedeutung hat für ihn auch frisches Essen. Im FrischeParadies geht er zielstrebig in die Obst- und Gemüseabteilung.

Wir wollen von ihm wissen, wie man richtig einkauft. Darin ist Chakuza Profi. In Österreich lernte er das Kochen auf einem Internat. »Ich bin da so reingerutscht«, sagt er. »Am Anfang kannte ich nicht mal den Unterschied zwischen Petersilie und Schnittlauch.« Das änderte sich aber schnell, denn die Ausbildung war hart und intensiv. Drei Monate im Jahr musste er ins Internat. »Dort wurdest du komplett überwacht«, sagt Chakuza. So richtig wohl scheint er sich damals nicht gefühlt zu haben. »Von 9 bis 18 Uhr war Schule und Kochunterricht, dann Lernstunde; raus durfte man nicht. Wir hatten nur eineinhalb Stunden am Tag frei, sind aber heimlich in die Kneipe gegangen, um …« – er deutet eine Trinkbewegung mit seiner Hand an und lacht verschmitzt.

Kurz nach dem Ende seiner Ausbildung wurde er mit Anfang 20 zum Küchenchef in einem Restaurant. Einige Kochwettbewerbe hatte er zuvor schon gewonnen. Chakuza hatte Talent. »Aber ich war zu jung«, sagt er. Irgendwann schmiss er seinen Job. Das Wissen von damals aber, das hat er behalten. In der Obst- und Gemüseabteilung greift er sich sofort Ingwer. »Den kann man überall reinreiben, das passt meistens.« Bei anderen Gemüsesorten und vor allem bei Obst ist er aber skeptisch. »Ich kaufe das eigentlich

„ICH KAUFE OBST UND GEMÜSE EIGENTLICH IMMER BEIM BAUERN.

immer beim Bauern«, sagt er. »Sonst setzt man sich doch krassen Chemikalien aus.« Immerhin: Der Kohlrabi sieht gut aus. Als Snack zum Fernsehen kauft sich Chakuza keine ungesunden Chips, sondern salzt lieber Kohlrabischeiben oder Zuckerschoten und gibt noch etwas Kürbiskernöl dazu. Auf Fleisch verzichtet er ganz, genauso auf Süßigkeiten. »Ich esse maximal Honig. Mein Opa in Österreich ist Hobbyimker, und deswegen habe ich bestimmt 100 Gläser davon bei mir rumstehen.« Außerdem empfiehlt Chakuza sogenannte Herrenpilze, also Kräutersaitlinge, als vegetarische Steaks. »Die kannst du anbraten, gibst einfach ein bisschen Olivenöl, Salz, Knoblauch und schwarzen Pfeffer dazu. Fertig. Perfekt!«

Chakuza vertraut in der Regel lieber auf seine eigenen Kochkünste. Als wir uns ins Restaurant des FrischeParadieses setzen, bestellt er nur etwas zu trinken. »Ich freestyle einfach gerne und mache mein Essen selber«, sagt er. Wenn andere für ihn kochen, dann sei das zwar schön, aber manchmal, da rege ihn das schon ziemlich auf. Chakuza runzelt die Stirn und sagt: »Ich mag das nicht, wenn Hobbyköche, die krasse Geräte in der Küche stehen haben, ständig in ihr Kochheftchen gucken und auch noch ewig brauchen. Ich improvisiere denen in ein paar Minuten was Gutes zusammen.« Wer mit Chakuza abhängt, der kann sich sicher sein, dass er satt wird. Und dass er die besten Knödel mit Pilzsauce überhaupt bekommt.

RESTAURANT-TIPPS
YOU ME SUSHI-THAI, *Berlin*
IL CASOLARE, *Berlin*

TAFELSPITZ
MIT SEMMELKREN

Für 4 Portionen

TAFELSPITZ

Öl zum Braten
1 Bund Suppengrün (Karotten, Lauch etc.)
1 Zwiebel
4 l Wasser
2 kg Tafelspitz (Rindfleisch)
2 Lorbeerblätter
8 Pfefferkörner
2 Wacholderbeeren
Salz

SEMMELKREN

500 g Semmelwürfel
½ EL Kren (frisch geriebener Meerrettich)
Petersilie
4 EL Sauerrahm
1 Bund Schnittlauchhalme, fein geschnitten
600 ml Rindsuppe (Rinderbrühe)
Salz

1 Für den Tafelspitz etwas Öl in einem sehr großen Topf heiß werden lassen. Das gewaschene, geputzte und grob geschnittene Suppengemüse und die halbierte Zwiebel darin anbraten. Mit 4 Liter Wasser aufgießen und das Fleisch – von Sehnen und Häuten befreit, Fetteindeckung aber belassen – vorsichtig in den Topf geben. Lorbeerblätter, Pfefferkörner und Wacholderbeeren und etwas Salz dazugeben und alles für mindestens 2 ½ Stunden bei schwacher Hitze köcheln lassen. Den Schaum, der sich dabei bildet, mehrmals abschöpfen. So lange kochen, bis das Fleisch schön weich ist. Den Tafelspitz dann herausheben, die Suppe abseihen und das Fleisch in der Suppe noch etwas ruhen lassen.

2 Währenddessen den Semmelkren zubereiten. Dazu eine Pfanne mit den Semmelwürfeln füllen, heiß werden lassen und mit der abgeseihten Suppenbrühe nach und nach übergießen. Dabei ständig rühren. Kren, Petersilie und 2 EL Sauerrahm hinzufügen und mit Salz abschmecken.

3 Etwas Tafelspitzbrühe mit dem restlichen Sauerrahm zu einer sämigen Sauce verrühren und den fein geschnittenen Schnittlauch dazugeben. Den Tafelspitz dann in Scheiben schneiden, etwas Sauce darübergeben, den Semmelkren noch einmal mit Kren garnieren und ihn schließlich zusammen mit ein wenig von dem gewürfelten Suppengemüse servieren.

GEMÜSESUPPE
MIT SPINATKNÖDELN

Für 4 Portionen

SUPPE

2 kleine Möhren
1 Knollensellerie
1 Stange Lauch
250 g Champignons
4 Tomaten
4 Zwiebeln
1 EL Rapsöl
4 l Wasser
2 Zweige Thymian
1 Bund Petersilie
2 Lorbeerblätter
10 schwarze Pfefferkörner
4 Pimentkörner

KNÖDEL

300 g Weißbrot (oder Knödelbrot)
150 ml Milch
2 Zwiebeln
1 Knoblauchzehe
2 EL Butter
400 g Spinat, tiefgefroren und gehackt
2 Eier
Muskat (nach Belieben)
4 EL Mehl
Salz, Pfeffer

1 Möhren, Sellerie, Lauch, Champignons und Tomaten putzen und in grobe Stücke schneiden. Die Zwiebeln ungeschält halbieren. Das Rapsöl in einem großen Topf erhitzen und alles bei kleiner Hitze 8–10 Minuten farblos anschwitzen. Mit 4 l Wasser bedecken und zum Kochen bringen; eventuell auftretenden Schaum dabei abschöpfen. Thymian und Petersilie mit Lorbeerblättern, Pfeffer- und Pimentkörnern in den Topf geben. Eine Stunde bei mittlerer Hitze kochen lassen; die Gemüsebrühe dann durch ein feines Sieb in einen zweiten Topf gießen und auf 1,2 l einkochen.

2 Für die Knödel das Weißbrot in sehr kleine Würfel schneiden und in eine flache Schüssel legen. Die Milch leicht erwärmen und lauwarm darübergießen. Abgedeckt ca. 15 Minuten stehen lassen.

3 Zwiebeln und Knoblauch abziehen und fein würfeln bzw. hacken; dann in heißer Butter anschwitzen. Den aufgetauten Spinat dazugeben und braten, bis die Flüssigkeit verdampft ist. Spinat zum Brot geben, die Eier hinzufügen und mit Salz, Pfeffer und Muskat kräftig würzen. Alles zu einem Teig verkneten und mindestens 30 Minuten ruhen lassen. Mehl unter den Teig kneten, bis dieser formbar, aber nicht zu fest ist.

4 Salzwasser in einem großen Topf zum Kochen bringen. Aus dem Teig einen kleinen Probekloß formen und in das nicht mehr kochende Wasser geben. Den Kloß etwas ziehen lassen. Wenn er die Form behält, aus dem restlichen Teig etwa 6 Knödel formen und im leicht siedenden Wasser etwa 20–30 Minuten gar ziehen lassen; ansonsten noch etwas mehr Mehl unterkneten. Die fertigen Knödel aus dem Wasser heben und zusammen mit der Suppe und dem Rest Petersilie anrichten.

SEMMELKNÖDEL
MIT PILZRAGOUT

Für 4 Portionen

KNÖDEL

1 Schalotte
1 EL Butter zum Anschwitzen
250 ml Milch
8 alte Brötchen
3 Eier
2 EL frischer, fein geschnittener Schnittlauch
Salz, frisch gemahlener Pfeffer

SAUCE

1 Schalotte
1 Knoblauchzehe
2 EL Butter zum Anschwitzen
700 g Pilze (nach Wahl)
100 ml trockener Weißwein
300 ml Sahne
1 TL Speisestärke
etwas Wasser
2 EL frisch gehackte Petersilie
Salz, Pfeffer

1 Für die Knödel die Schalotte schälen, fein würfeln und in heißer Butter glasig anschwitzen. Mit der Milch aufgießen und kurz aufkochen lassen.

2 Die Semmeln in Scheiben schneiden, in eine Schüssel geben und die heiße Milch darübergießen. Die Eier, Schnittlauch, Salz und Pfeffer dazugeben und alles gut vermengen.

3 Die Masse 20 Minuten ruhen lassen, dann zu runden Knödeln formen und in simmerndem Salzwasser ca. 20 Minuten ziehen lassen.

4 In der Zwischenzeit für die Pilzrahmsauce die Schalotte und den Knoblauch schälen, fein würfeln und in heißer Butter kurz anschwitzen. Dann die geputzten und – je nach Größe – geschnittenen Pilze zugeben und einige Minuten mitbraten lassen.

5 Mit dem Wein und der Sahne ablöschen, aufkochen und mit Salz und Pfeffer abschmecken. Die Speisestärke in etwas Wasser glatt rühren und zur Pilzsauce geben. Unter Rühren aufkochen lassen und schließlich die Petersilie untermischen. Die Knödel mit dem Pilzragout auf einem Teller anrichten und servieren.

BRATAPFEL

Für 4 Portionen

ÄPFEL
4 säuerliche Äpfel (z. B. Elstar)
150 ml Apfelsaft

FÜLLUNG
75 g Marzipanrohmasse
2 EL Mandelstifte
4 Stück Spekulatius (oder eine vergleichbare Menge Cantuccini)
½ TL Zimt

1 Alle Zutaten zurechtlegen und den Backofen auf 200 °C vorheizen. Dann von allen Äpfeln einen Deckel abschneiden. Mit einem Apfel- oder Melonenausstecher oder mit einem Eislöffel die Äpfel aushöhlen. Etwas Fruchtfleisch für die Füllung aufbewahren.

2 Die Zutaten für die Füllung zu einer Masse verkneten. Wird die Füllung zu fest, hilft ein Schuss Apfelsaft.

3 Dann die Masse fest in die Apfellöcher drücken. Den Apfelsaft in eine ofenfeste Form gießen, bis der Boden leicht bedeckt ist, die Äpfel hineinsetzen und sie ca. 30 Minuten backen.

TIPP
Am besten mit viel leckerer Vanillesauce oder mit Vanilleeis servieren.

HAIYTI

»Raahhrr, Raahhrr, Raahhrr!« – Haiyti entlockt ihrer Kehle die verrücktesten Töne. Auch sonst experimentiert sie viel in ihrer Musik, die von Glamour und der Hamburger Gosse handelt. Wenn Haiyti nicht gerade an ihren Beats und ihrer Stimme feilt, geht sie in die Kunsthochschule, besucht illegale Thai-Küchen – oder ihren Vater im »Trüffelparadies« Kroatien. Ihr Lieblingsessen war trotzdem lange ein ganz anderes.

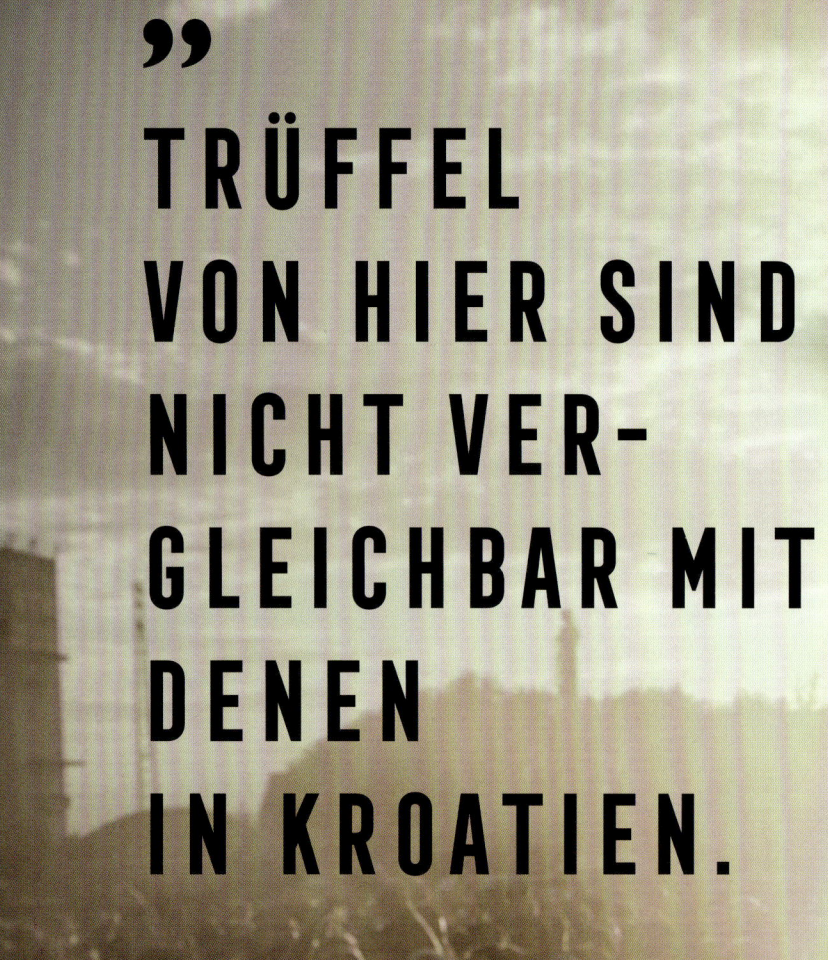

„TRÜFFEL VON HIER SIND NICHT VERGLEICHBAR MIT DENEN IN KROATIEN.

RESTAURANT-TIPPS
CAFÉ MEXICO, *Hamburg*
KOKOMO NOODLE CLUB, *Hamburg*
ZUM KROKODIL, *Hamburg*
BRACHMANNS GALERON, *Hamburg*
TRÜFFEL: KONOBA DOLINA, *Livade, Kroatien*

Unser Gespräch fand im Ristorante Cantinette statt.

Haiyti ist müde, als wir sie in einem Restaurant in der Hamburger Speicherstadt treffen. Sie trägt eine riesige Sonnenbrille, weil sie die Nächte vorher durchgefeiert hat, und sagt: »Eigentlich wollte ich woanders hin. Das haben wir wohl verwechselt.« Dann guckt sie grinsend und ein wenig verpeilt durch den Raum. Um uns herum sitzen Typen im Anzug, in einer Ecke liegt die *Financial Times*. Alles busy-busy, viele ernste Blicke, viele teure Uhren an Handgelenken. Egal – Hauptsache, das Risotto schmeckt. Haiyti kann sich ohnehin überall wohlfühlen – wenn es um Musik geht und auch beim Essen.

Anfang 2018 hat sie ihr erstes großes Album »Montenegro Zero« über Universal auf den Markt gebracht. Vorher machte sie vor allem Musik im Untergrund, veröffentlichte unzählige Mixtapes im Internet und steuerte Gastparts zu obskuren Horror-Rap-Alben bei, nahm aber auch Songs zusammen mit Stars wie Trettmann und Haftbefehl auf. Auf ihren Soloveröffentlichungen setzt Haiyti vor allem ihre Stimme als Instrument ein. Sie krächzt, jauchzt oder schreit, singt dann wieder schön und gefällig und verzerrt ihre Stimme danach durch Effekte. Diese Variationen und Haiytis unmittelbare Assoziationsketten-Poesie machen den Reiz ihrer Musik aus.

Dazu kommen wirre, aber hochästhetische Musikvideos – oft mit der Handykamera gedreht –, die wie Haiyti selbst auch immer etwas verpeilt sind.

Haiyti lebt in Hamburg, hat dort ihr ganzes Leben verbracht und die Stadt schon als Kind mit dem BMX-Rad erkundet. Heute studiert Haiyti dort Kunst, wird von Magazinen als Stilikone gefeiert – und von Musikkritikern als beste deutsche Rapperin. Doch bis vor Kurzem war sie noch in der Hamburger Gastroszene unterwegs, kellnerte im Café Mexico und aß mittags in illegalen Thai-Küchen im Kiez. »Eigentlich waren die für die thailändischen Prostituierten. Es gab nur zwei Tische, und die Küche war winzig, aber das Essen hat wirklich genauso gut geschmeckt wie in Thailand. Das gab es sonst nirgendwo«, sagt Haiyti.

Ihr Vater stammt aus Kroatien. Wenn Haiyti bei ihrer Familie in Istrien ist, dann gibt es Gnocchi mit Trüffeln oder Maronensuppe. »Ich liebe Trüffel«, sagt sie. »Aber die, die man hier bekommt, sind nicht vergleichbar mit denen in Kroatien.« Ihr Lieblingsessen war jedoch lange Zeit nicht Trüffel, sondern Bananen – bestrichen mit Honig, der in der Pfanne schließlich karamellisiert. Eine Weile wohnte Haiyti mit einem Mann aus Westafrika zusammen, der ihr beibrachte, wie man die Kochbananen macht.

Haiyti probiert sich gerne durch die internationale Küche, weiß aber auch heimische Spezialitäten zu schätzen. Was ihr zum Beispiel wichtig ist: dass jeder mal ein original Hamburger Croque-Sandwich mit Weißkraut isst. »In Berlin kennt das zum Beispiel kein Mensch. Ich dachte, das ist so bekannt wie Crêpes oder so was. Ich muss in Berlin eigentlich mal einen Croque-Laden aufmachen«, sagt sie. Ihre Sonnenbrille hat sie abgesetzt, und die Augen funkeln wach. Bei der Musik und beim Essen blüht sie voll auf.

CROQUE MONSIEUR

Für 4 Portionen

8 Scheiben Weißbrot
25 g Rahmbutter und etwas mehr zum Bestreichen
4 Scheiben gekochter Schinken (oder mehr nach Bedarf)
200 g Greyerzer Käse (Le Gruyère)
25 g Mehl
ca. 300 ml Milch
Muskat (nach Belieben)

1 Vier Brotscheiben von beiden Seiten buttern und sie dann auf ein Blech mit Backpapier legen. Jede Brotscheibe mit einer Scheibe Schinken belegen (oder zwei, je nach Geschmack) und etwas Gruyère raspeln und darüberstreuen.

2 Auf Brot und Schinken jeweils eine zweite Brotscheibe legen, sodass ein Sandwich entsteht. Für die Béchamelsauce die Butter in einer Pfanne schmelzen, das Mehl hinzufügen und das Ganze gut vermengen, bis ein leicht trockener Teig entsteht. Dann nach und nach Milch dazugeben und verrühren, bis sich eine recht dickflüssige Sauce ergibt. Zuletzt den Muskat hinzufügen.

3 Die Sauce über die Sandwiches verteilen und noch etwas Gruyère darauflegen. Im vorgeheizten Ofen 15 Minuten bei 180 °C backen.

GNOCCHI MIT STEINPILZSAUCE
UND TRÜFFELN

Für 4 Portionen

GNOCCHI
800 g Kartoffeln, mehlig kochend
130 g Mehl
130 g Hartweizengrieß
1 Ei
Salz, Pfeffer

SAUCE
2 Schalotten
1 Knoblauchzehe
300 g frische Steinpilze
2 EL Rapsöl zum Braten
150 ml Weißwein
250 ml Pilzfond
6 Zweige frischer Thymian
Paprikapulver, edelsüß (nach Belieben)
Cayennepfeffer (nach Belieben)
Piment (nach Belieben)
200 ml Sahne
20–40 g Trüffel (oder 4 EL Trüffelöl)
Salz, Pfeffer

1 Für die Gnocchi zunächst die Kartoffeln mit der Schale kochen. Etwas abkühlen lassen und noch heiß pellen, dann die noch warmen Kartoffeln durch eine Kartoffelpresse drücken. Mehl, Grieß und Ei hinzufügen, die Masse salzen und pfeffern und alles zu einem geschmeidigen Teig kneten. Den Gnocchiteig für 60 Minuten ruhen lassen.

2 Mit zwei Teelöffeln ein kleines Stück vom Teig abstechen und daraus einen Probier-Gnocco formen. Reichlich Salzwasser zum Kochen bringen und das Klößchen hineingeben. Die Hitze herunterdrehen, bis das Wasser nicht mehr kocht, und den Gnocco 10 Minuten gar ziehen lassen. Mit einer Siebkelle oder einem Sieb das Klößchen aus dem Wasser holen und probieren. Ist es zu weich, mehr Grieß unter den Teig kneten.

3 Wenn die Teigkonsistenz stimmt, den restlichen Gnocchiteig zu Rollen formen, die etwa 2 cm breit sind; davon 2 cm lange Stücke abschneiden und mit den Zinken einer Gabel das typische Muster hineindrücken. Alle Gnocchi im Salzwasser genau wie das Probeklößchen garen, mit der Siebkelle oder einem Sieb herausfischen und abtropfen lassen.

4 Für die Steinpilzsauce die Schalotten fein hacken, den Knoblauch andrücken und klein hacken und die Steinpilze in Scheiben schneiden. Zwiebeln und Knoblauch in einer Pfanne in Rapsöl glasig anschwitzen, dann die Pilze hinzugeben und mitbraten. Mit dem Weißwein und dem Fond ablöschen und einige Minuten einkochen lassen. Thymian waschen und Blättchen abzupfen, dann die Sauce mit den Gewürzen und Kräutern würzen, Sahne dazugeben und das Ganze nochmals etwas einkochen lassen.

5 Zum Schluss die Gnocchi in die Sauce geben und kurz aufkochen lassen. Gnocchi und Sauce auf tiefen Pastatellern anrichten und vor dem Servieren noch frischen Trüffel darüberhobeln oder die Gnocchi mit Trüffelöl verfeinern.

GEBRATENE KOCHBANANE

Für 4 Portionen

4 Kochbananen
Butter zum Braten
Honig (nach Belieben)
1 EL Orangensaft
200 g Crème fraîche
verschiedene Beeren als Topping
(nach Belieben)

1 Die Kochbananen zunächst schälen und leicht schräg in Scheiben schneiden. Butter in einer Pfanne erhitzen und die Bananenscheiben darin goldbraun anbraten.

2 Die Temperatur reduzieren, die Bananenscheiben nach Belieben mit Honig bestreichen und vorsichtig weiterbraten. Nach 1–2 Minuten mit einem Esslöffel Orangensaft ablöschen und sofort auf Tellern anrichten. Die karamellisierten Bananen zum Schluss mit Crème fraîche und Beeren garnieren und servieren.

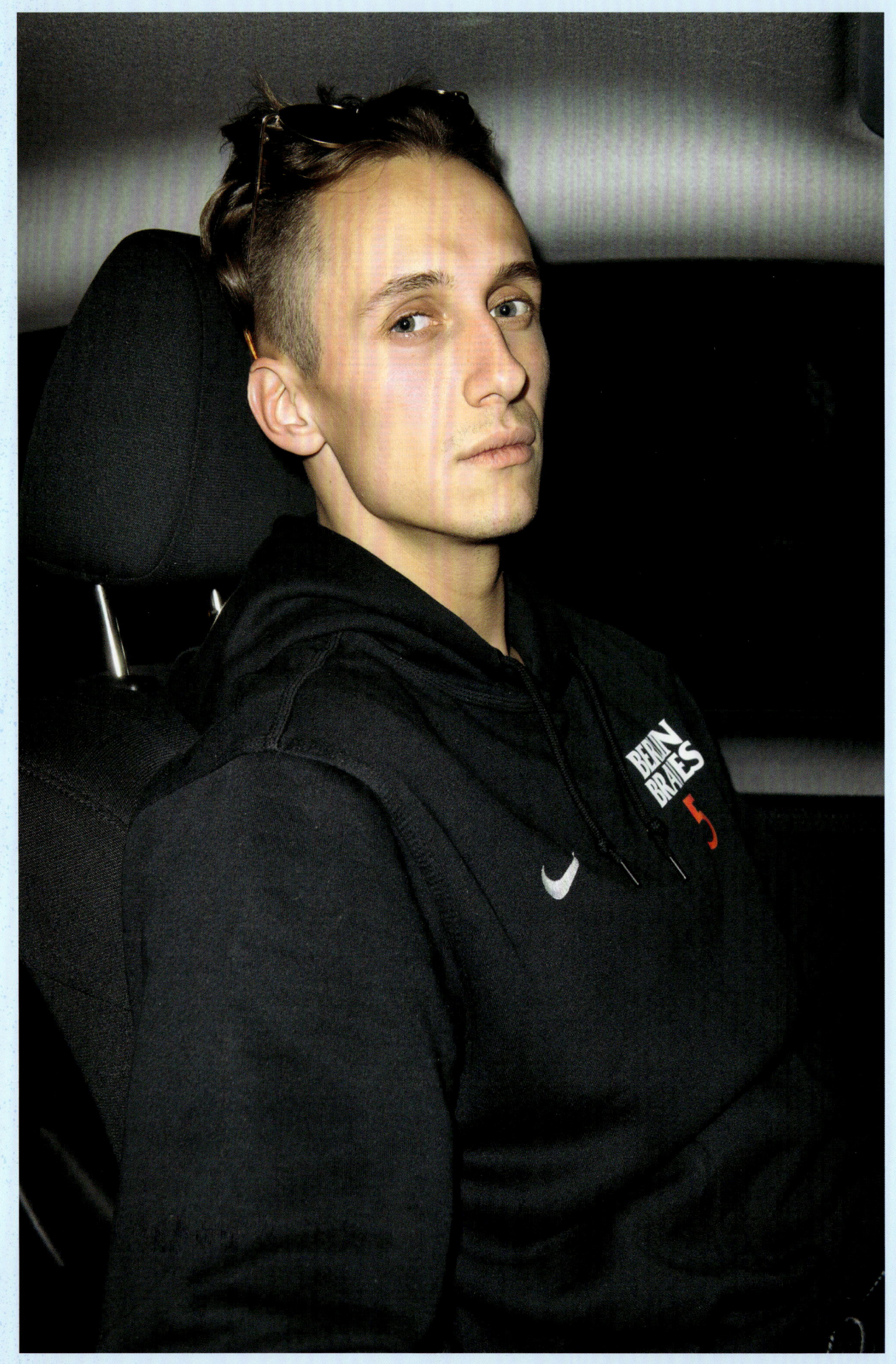

MARVIN GAME

Marvin Game genießt das gute Leben – in Berlin Moabit und in Kalifornien. Auf seinen Tracks zeigt er sich als Optimist; er lässt seine Zuhörer durch futuristische Trapsounds in seine Kifferträume einsteigen, in denen die Sonne scheint und der Kopf so klar ist wie nie. Für sein Glück fehlen Marvin Game dann nur noch eine Flasche Wasser und Power Balls mit Kokos – oder sein Geheimtipp, das »beste Essen nach Auftritten«.

„BROKKOLI-PIZZA IST DAS BESTE ESSEN NACH AUFTRITTEN UND NACH DEM SEX.

Unser Gespräch ...

... fand im Kopps statt.

RESTAURANT-TIPPS
KOPPS RESTAURANT, *Berlin*
PIZZA CON AMORE, *Berlin*
RECEP USTA KÖFTECI, *Berlin*
EIS: OCEAN BEACH PEOPLE'S
ORGANIC FOOD MARKET, *San Diego, USA*

Marvin Game verlässt erst das Haus, wenn er eine Wasserflasche geleert hat. »Das ist gut für den Kreislauf«, sagt er, und an den Prinzipien, die er hat, hält Marvin auch fest. Als er vor knapp zehn Jahren mit seiner damaligen Crew »Baba Music« in Berlin Moabit Aufsehen erregte, weil sein Sound so modern und so amerikanisch klang, da war für Marvin Game wohl schon klar, dass es mit der Musik klappen würde, wenn er an ihr festhält. Schon damals ging es in seinen Songs darum, nach oben zu kommen; um das gute Leben, das gute Gras, die guten Freunde und die guten Beats.

Marvin Game ist ein Optimist. Seine heutige Gang nennt sich »Immer Ready«, und der Name beschreibt die Lebenseinstellung von Marvin Game sehr gut. Er ist immer bereit dafür, etwas Neues auszuprobieren. Immer wieder reist er für mehrere Monate in die USA, testet unzählige Grassorten – die er ausschließlich ohne Tabak raucht, noch so ein Prinzip – und kocht mit seinen Freunden. »Ich mache richtig viel mit Süßkartoffeln«, sagt er. In Kalifornien bestellt er sich Überraschungs-Obstkisten bei den umliegenden Bauern oder geht auf den Markt, um schließlich selbst kreierte Süßkartoffelsteaks mit Hummus oder Guacamole zu zaubern. Marvin lebt gesund, versucht, weitestgehend auf Zucker zu verzichten, und pöbelte bei einem Festival schon mal gegen einen Energy-Drink-Hersteller, der als Hauptsponsor mit dickem Logo auf der Bühne zu sehen war. Softdrinks und klebrige Süßigkeiten sind auch in Marvin Games Hotbox unerwünscht. Beim Hip-Hop-Channel »16Bars.de« hat Marvin seine eigene Sendung. Fast jeder relevante Rapper saß schon bei ihm im Auto und beantwortete Fragen, während Joints bei geschlossenen Fenstern die Runde machten – und viele begannen schließlich benebelt und euphorisiert, mit ihm zu rappen. Bei Marvins »Auto-Sessions« liegt neben dem Gras immer auch frisches Obst bereit. Auf Festivals versorgt er sich dagegen am liebsten mit selbst gemachten Power Balls mit Kokos und Mandelmehl, die so viele Kohlenhydrate und Nährstoffe haben, dass der Gang zu überteuerten Futterständen überflüssig wird. Nur manchmal, wenn nach Konzerten der Hennessy fließt, gibt es Pizza, belegt mit Brokkoli. Denn Brokkoli-Pizza, sagt Marvin, sei einfach »das beste Essen nach Auftritten und nach dem Sex«.

BANANENBROT

Für eine Kastenform (ca. 11 x 30 cm)

4 sehr reife Bananen
100 g Walnusskerne
250 g Mehl
1 Päckchen Vanillezucker
1 ½ TL Backpulver
175 g brauner Zucker
2 Eier
100 ml Öl
100 ml Buttermilch
Puderzucker zum Bestäuben (nach Belieben)
Fett und Mehl für die Form
Salz

1 Die Bananen mit einer Gabel zerdrücken und die Walnüsse grob hacken. Mehl, Vanillezucker, Backpulver und eine Prise Salz in einer großen Schüssel gut vermischen. Die zerdrückten Bananen, den braunen Zucker, die Eier, das Öl und die Buttermilch nach und nach dazugeben und alles zu einem glatten Teig verrühren. Zum Schluss die gehackten Walnüsse unterheben.

2 Den Bananenbrotteig in eine gefettete und gemehlte Kastenform füllen und glatt streichen. Im vorgeheizten Backofen bei 175 °C (Umluft 150 °C) 50–55 Minuten backen. Das Bananenbrot aus dem Ofen nehmen und nach ca. 20 Minuten stürzen.

3 Das Brot dann auf einem Rost auskühlen lassen und vor dem Servieren noch mit etwas Puderzucker bestäuben.

PIZZA MIT NUSSBODEN

Für eine Pizza (ca. 30 cm Ø)

TEIG

75 g gemahlene Mandeln
75 g gemahlene Haselnüsse
75 g Buchweizenmehl
1 TL Backpulver
4 EL Mandelmilch
2 EL Kokosöl
Salz, Pfeffer

BELAG

3 Tomaten
150 g Brokkoli, tiefgefroren
3 Stängel frisches Basilikum
100 g geriebener Mozzarella

1 Die Zutaten für den Teig verkneten und ca. 30 Minuten kühl stellen. Den Ofen auf 180 °C vorheizen. Auf einem Backblech mit Backpapier zu einem runden, ca. 0,5–1 cm dicken Teigfladen flach drücken. Den Teig im Ofen ca. 15–20 Minuten backen, bis er fest, goldbraun und knusprig ist.

2 Für den Belag die Tomaten in dünne Scheiben schneiden und den Pizzaboden damit belegen. Den Brokkoli und das Basilikum grob hacken und auf den Tomatenscheiben verteilen.

3 Zuletzt den geriebenen Mozzarella auf der Pizza verteilen und alles noch einmal bei 180 °C Grad für ca. 5–10 Minuten backen, bis der Käse geschmolzen und leicht gebräunt ist.

SÜSSKARTOFFELSTICKS
MIT HUMMUS

Für 4 Portionen

SÜSSKARTOFFELSTICKS
500 g Süßkartoffeln
2 EL Sesamöl
grobes Meersalz, grober bunter Pfeffer (nach Belieben)

HUMMUS
1 Dose Kichererbsen
2 Knoblauchzehen
2 EL Zitronensaft
2 EL Tahin
2 EL Olivenöl
1 TL gemahlener Kreuzkümmel
Salz, Pfeffer

1 Die Süßkartoffeln in Spalten schneiden und im Ofen bei 200 °C für 15–20 Minuten backen oder in der Pfanne goldbraun braten. Nach Belieben mit Meersalz und frisch gemahlenem bunten Pfeffer würzen.

2 Für das Hummus alle Zutaten in einem Mixbecher mit einem Pürierstab zu einer Paste pürieren und das Hummus dann mit den Süßkartoffelsticks servieren.

HARRIS

»Tait Eita!« – Der Berliner Rapper und DJ Harris' bewegt sich zwischen zwei Welten. Nach Rapprojekten, die in der Szene legendär geworden sind, legt er jetzt regelmäßig Tech House auf – und einen Abend später wieder Hip-Hop. Harris' Motto: Hauptsache Party und gute Musik. Und vorher: Hauptsache gutes Essen! Was für ihn gutes Essen bedeutet, hat sich mit den Jahren aber durchaus verändert.

Unser Gespräch fand im The Bowl statt.

RESTAURANT-TIPPS
THE BOWL, *Berlin*
CHICAGO WILLIAMS BBQ, *Berlin*
HÜHNERHAUS 36, *Berlin*
GRILL ROYAL, *Berlin*
FLEISCHEREI DOMKE, *Berlin*

Harris sitzt im veganen Restaurant »The Bowl« in Berlin. Er grinst breit und zwischen seinen glänzenden Zähnen presst er zur Begrüßung seine eigene Catchphrase hervor: »Tait Eita!«, also »Tight, Alter!«. Harris hat die Hip-Hop-Szene Berlins geprägt. Als »Deine Lieblingsrapper« brachte er zusammen mit Sido 2005 »Dein Lieblingsalbum« heraus. Das war ein berauschtes Fest; ein Abfeiern der Hip-Hop-Kultur, der versoffenen Nächte mit Freunden und natürlich auch ein Abfeiern von sich selbst. Harris erinnert sich noch gut an diese Zeit – auch an das Essen.
Viel Hühnchen gab es damals. Vor allem im Hühnerhaus, einem Imbiss in der Nähe des damaligen Studios in Kreuzberg. »Wir haben während der Produktion fast im Hühnerhaus gewohnt«, sagt Harris, lacht ziemlich laut und blickt auf den Teller mit veganem Essen, der vor ihm auf dem Tisch steht. Mittlerweile ist er auch mal mit rein pflanzlichen Gerichten zufrieden – es muss nicht immer Fleisch sein. Harris ist da offen, solange nicht zu scharf gewürzt wird.
Auch musikalisch sind für Harris mittlerweile andere Sachen tait als zu Deine-Lieblingsrapper-Zeiten. Auf seinem vorerst letzten Soloalbum, »Der Mann im Haus« von 2010, wollte er nicht mehr der Party-Rapper sein, beschäftigte sich mit seinem Leben in Deutschland und ging in die Tiefe. Auf Partys geht er immer noch gern und lang, legt aber noch viel lieber auf. Harris hat unendlich viele Tech-House-Tracks durchforstet und spielt regelmäßig elektronische Musik, um Abwechslung vom Hip-Hop zu haben. Den wiederum legt er immer dann auf, wenn er sich »DJ Binichnich« nennt. Harris fährt also zweigleisig, aber er bleibt Hip-Hopper, sagt er – und Berliner natürlich. Er ist Mitglied eines Hertha-BSC-Berlin-Fanclubs und sagt außerdem: »Döner ist Berlin, genauso wie Currywurst.« Vor dem Training, kurz bevor er in einem grauen Betonbau verschwindet und nach einigen Stunden verschwitzt wieder herauskommt, isst Harris aber lieber Bananen und trinkt Proteinshakes. Er hat aufgehört zu kiffen und damit begonnen, intensiv Sport zu treiben: Crossfit, eine Hybridsportart, die Gewichtheben, Turnen, Eigengewichtübungen und Sprinten verbindet. »Mir geht es so gut wie noch nie, seit ich das mache«, sagt Harris, nimmt sein Handy in die Hand und öffnet ein Video. Es zeigt ihn mit einer riesigen Hantel, die er immer wieder nach oben reißt. Kurz darauf steht er auf zwei Händen. Er sieht zufrieden aus. Und das ist schließlich die Hauptsache.

„DÖNER IST BERLIN, GENAUSO WIE CURRYWURST.

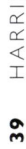

AVOCADOSTULLE

Für 4 Stullen

HUMMUS
1 Dose Kichererbsen
2 Knoblauchzehen
2 EL Zitronensaft
2 EL Tahin
2 EL Olivenöl
1 TL gemahlener Kreuzkümmel
Salz, Pfeffer

STULLEN
4 Scheiben dunkles Vollkornbrot
2 Avocados
4 Bio-Eier
1 EL reduzierter oder alter Balsamico-Essig
Salz, Pfeffer

1 Für das Hummus alle Zutaten in einem Mixbecher mit einem Pürierstab zu einer Paste pürieren. Vollkornbrot mit dem Hummus bestreichen. Die Avocados schälen, entsteinen, in feine Spalten schneiden und das Hummus-Vollkornbrot damit belegen. Die Bio-Eier (ggf. nacheinander) beidseitig in der Pfanne braten und auf das Brot geben.

2 Nach Belieben mit Balsamico-Essig, Salz und Pfeffer garnieren und servieren.

PROTEINBOMBE

Für 4 Portionen

4 Avocados
8 Kiwi
4 Mozzarellakugeln (je ca. 125 g)
Salz, Pfeffer

1 Avocados und Kiwis Schälen und die Avocados entsteinen. Alle Zutaten grob würfeln, in einer Schüssel vorsichtig mischen und mit Salz und Pfeffer abschmecken. Dazu passt hervorragend ein Salat.

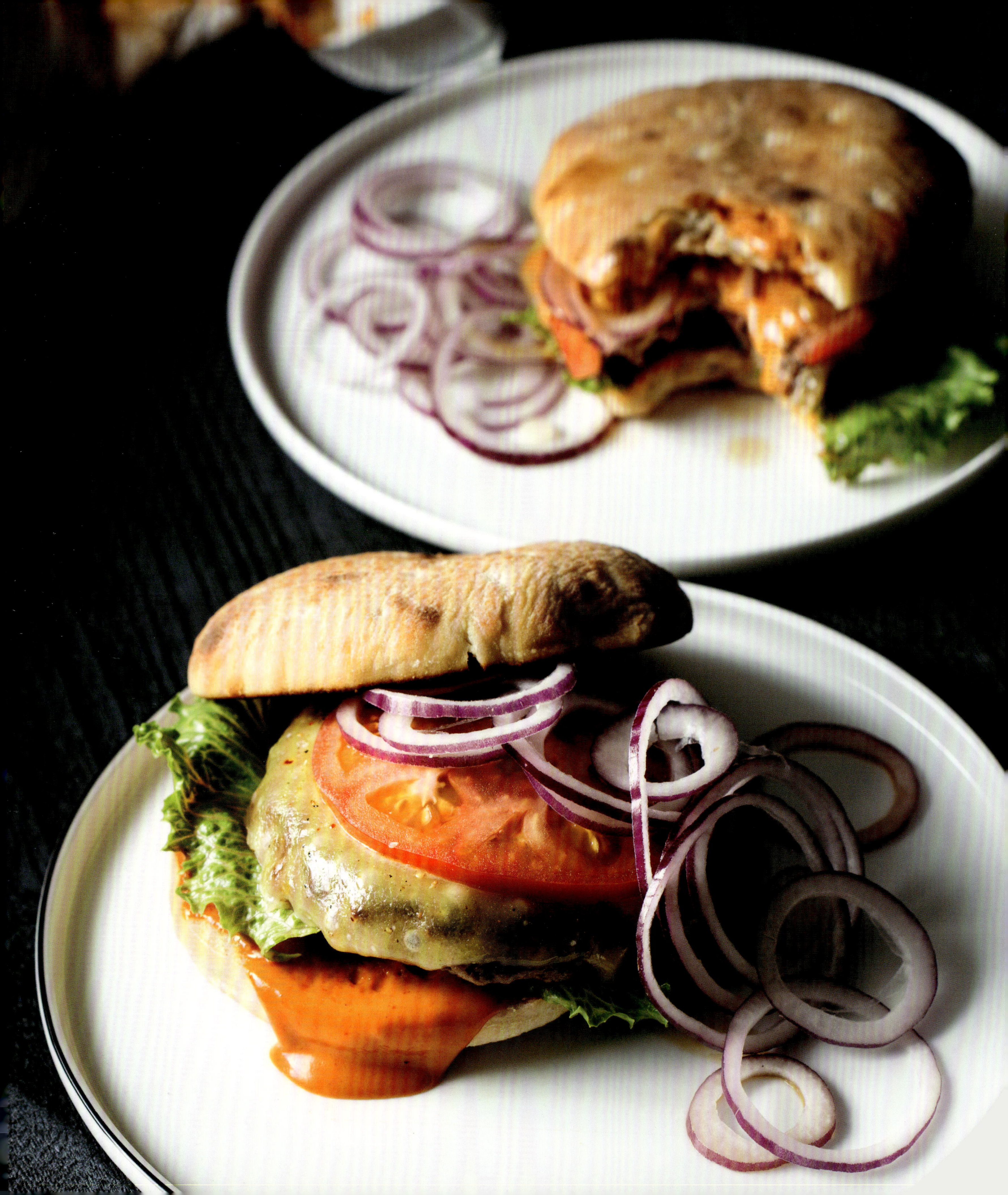

BINICHNICH-BURGER

Für 4 Portionen

BURGER
800 g Bio-Rinderhackfleisch
2 Römersalatherzen
1 rote Zwiebel
4 Burger-Brötchen
Butter zum Rösten
4 Scheiben Cheddar
Meersalz, Pfeffer

COCKTAILSAUCE
150 g Tomatenketchup
150 g Salatmayonnaise
2 TL Senf
½ TL Paprikapulver
2 TL Orangensaft
2 TL Jägermeister
Salz, Pfeffer

1 Die Bio-Hackfleischmasse mit leicht angefeuchteten Händen zu vier flachen Hack-Patties mit etwa 10–12 cm Durchmesser formen. Die Patties dann auf einem Blech mit Backpapier mindestens 30 Minuten einfrieren.

2 In der Zwischenzeit die Cocktailsauce zubereiten: Ketchup, Mayonnaise, Senf, Paprikapulver, Orangensaft und Jägermeister gut verrühren. Mit Salz und Pfeffer nach Belieben würzig abschmecken.

3 Die Römersalatherzen putzen und den Strunk entfernen, die Zwiebel in möglichst dünne Ringe schneiden. Die Brötchen waagerecht halbieren und die Schnittflächen dünn mit Butter bestreichen, danach in einer (Grill-)Pfanne (am besten aus Gusseisen) auf der gebutterten Schnittfläche goldbraun anrösten.

4 In einer heißen Pfanne die angefrorenen Patties je ca. 4 Minuten bei mittlerer bis starker Hitze von beiden Seiten braten. Das Fleisch dann mit Pfeffer und ganz wenig Salz würzen, herausnehmen und kurz auf einem Teller ruhen lassen.

5 Die unteren Brötchenteile auf Teller setzen. Mit Cocktailsauce bestreichen, Salat darauf verteilen, Patties aufsetzen und den Cheddar darauflegen. Nach Belieben Zwiebelringe auf den Käse schichten und zum Schluss die oberen, mit der Cocktailsauce bestrichenen Brötchenhälften daraufsetzen.

TIPP
Die Cocktailsauce hält sich in einem fest verschlossenen Glas ca. 1 Woche.

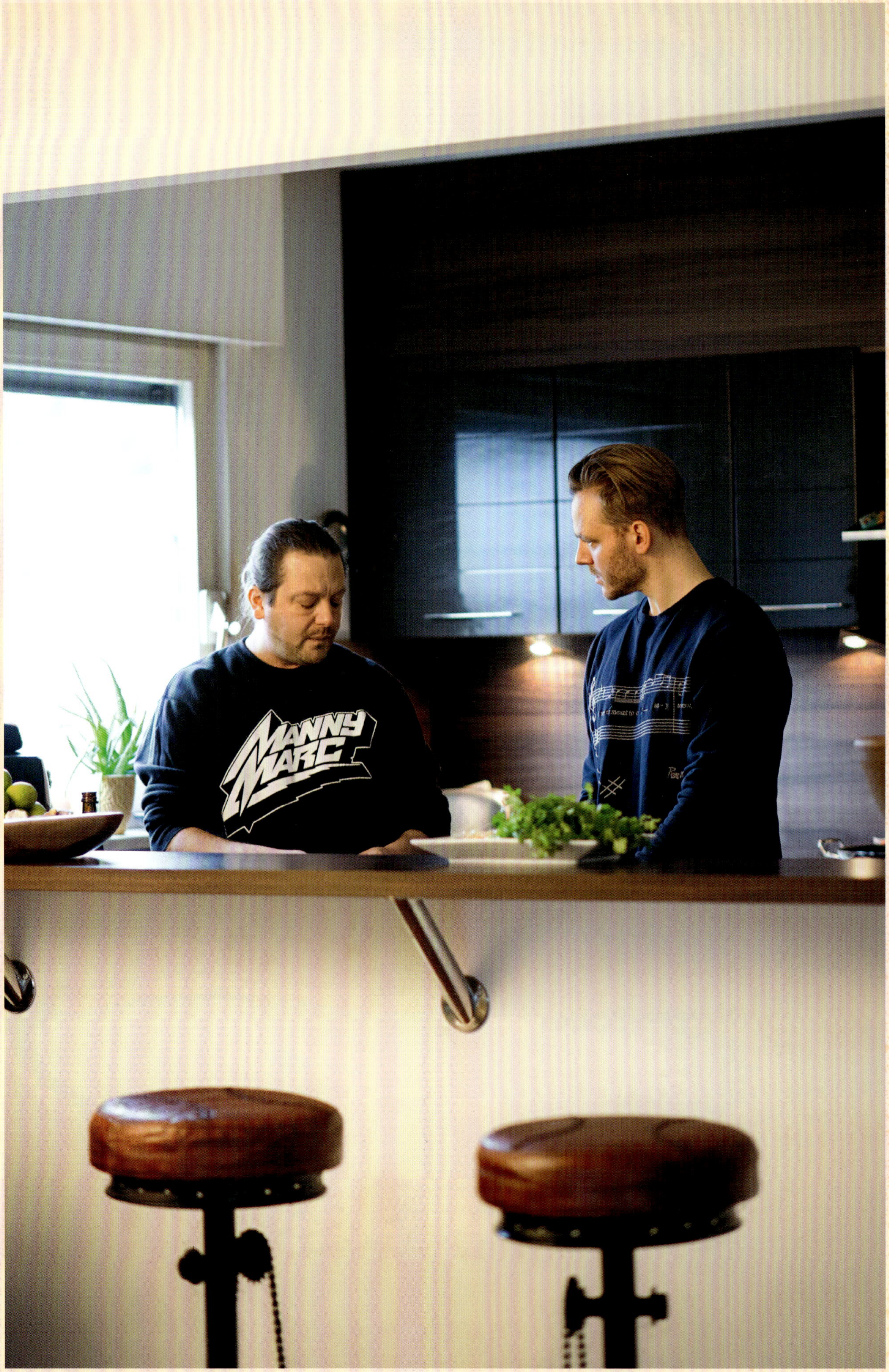
MANNY MARC

MANNY MARC & TAI JASON

Thailand hat Manny Marc und Tai Jason geprägt. Marc war schon als Kind dort, noch bevor er mit Berlin Crime und Bassboxxx in Berlin aufmuckte und mit Atzenmusik die Nächte durchfeierte. Tai, der Songs für K.I.Z und Sido produziert hat, lebte als Kind sogar in Thailand; daher auch sein Name. Im »Thai Puff« haben beide für uns gekocht – und einer hatte ordentlich zu kämpfen.

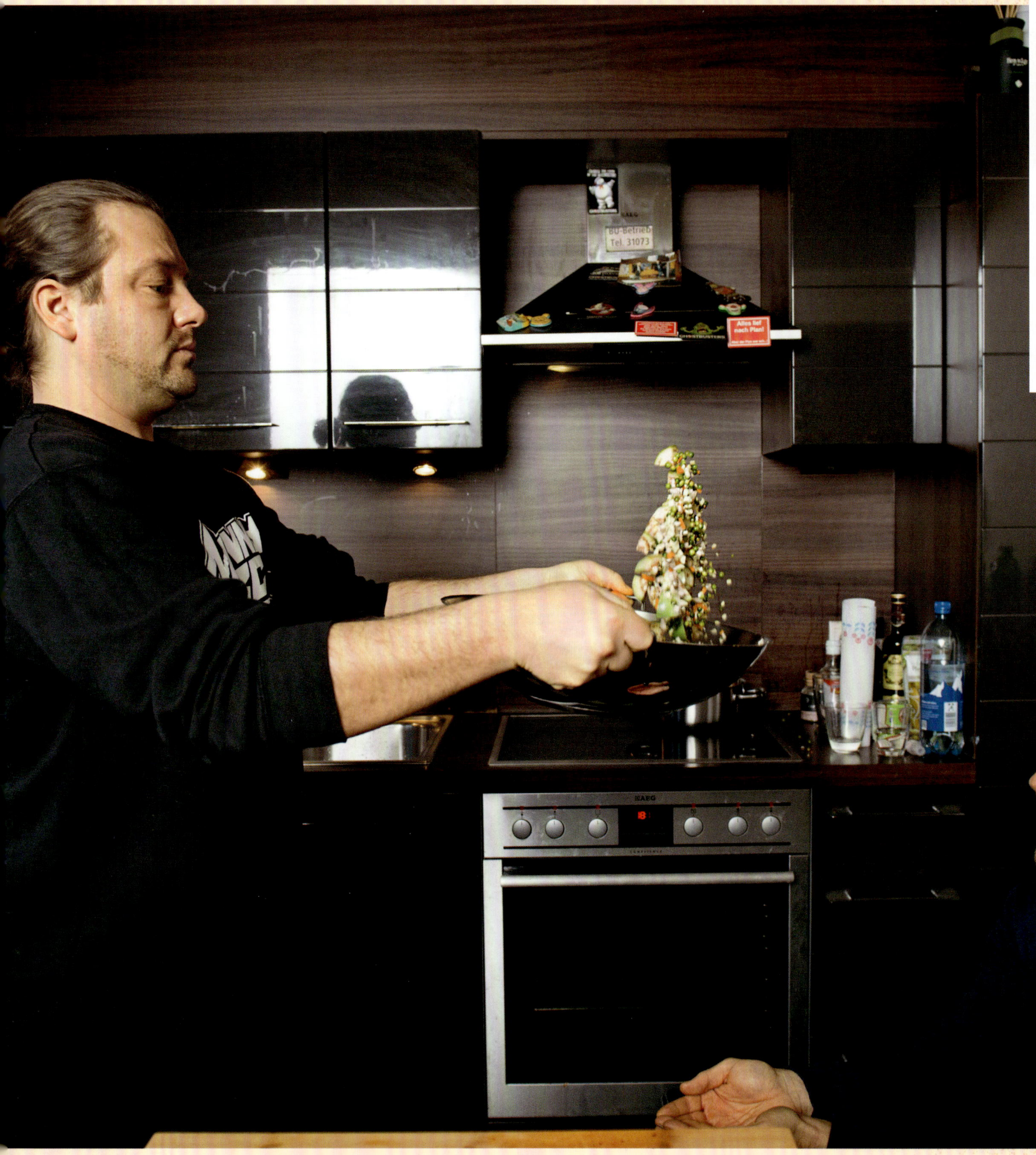
BU-Betrieb
Tel. 31073
Alles lief nach Plan!
AEG
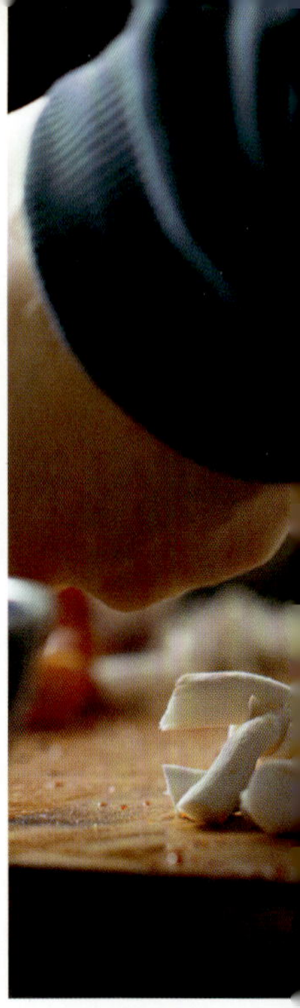

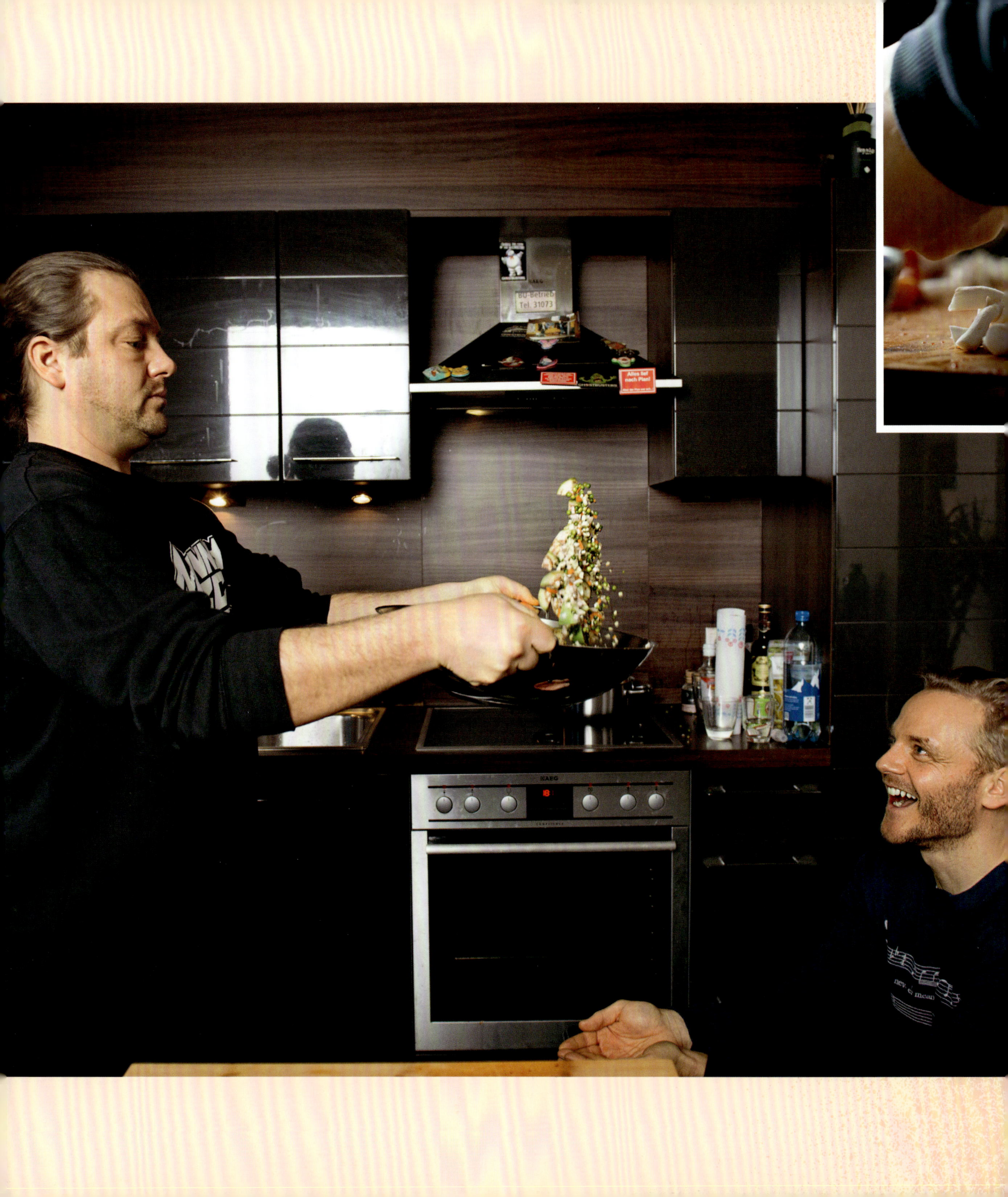

> **KOCHEN WIRKT NACH LANGEN TOUREN RICHTIG THERAPEUTISCH**

Wir wollen nicht zur Polizei, wir wollen mit Manny Marc kochen. Aber als wir vor dem Einfamilienhaus in Südberlin ankommen, in dem Manny Marc lebt, da fällt unser Blick durchs Fenster sofort auf eine Uniform-Jacke, auf der genau das geschrieben steht: P-O-L-I-Z-E-I. Kurze Verwirrung, dann öffnet Manny Marc die Tür. Er trägt einen Pullover mit buntem Manny-Marc-Emblem, hat lange, nach hinten gekämmte Haare und ist etwas kleiner als erwartet. Sein Grinsen ist dafür riesengroß. »Kommt rein«, sagt er – und schon stehen wir in einer großen Wohnküche.

Tai Jason ist auch da. Früher produzierte er harten Straßenrap von Aggro Berlin und K.I.Z' legendäres »Hahnenkampf«-Album. Heute ist er EDM-Produzent (EDM steht für »Electronic Dance Music«) und tourt mit Weltstars wie Steve Aoki. Manny Marc und Tai Jason machen gerade gemeinsam Musik – und sie teilen eine Leidenschaft für thailändisches Essen. Deswegen sind sie hier, zum Kochen in »Manny Marcs Thai Puff Kitchen«. Das steht jedenfalls auf einem Schild über dem Herd.

Die verwirrende Polizeijacke entpuppt sich als Videorequisite. Aber früher, Anfang der 2000er-Jahre, da stand Manny Marc öfter den Damen und Herren in solchen Jacken gegenüber. Er war Mitglied des großen Freundeskreises Berlin Crime (BC). Andere bezeichneten BC als Gang, fanden die Gruppe gefährlich, und das hatte durchaus seine Gründe. Züge und Wände wurden mit riesigen BC-Chrome-Buchstaben besprüht; manchmal gingen Nasen zu Bruch und einmal wurde eine Straßenbahn umgeworfen. Für Manny Marc sind es Jugendsünden, schon lange vorbei. Gekocht wurde damals nicht, eher beim Imbiss um die Ecke bestellt. Heute tourt Marc vor allem mit seinem Rap-meets-Dancemusic-Projekt »Die Atzen«.

Er spielt im Sommer viel auf Mallorca, hat in den letzten Jahren zusammen mit Frauenarzt Riesenhits wie »Disco Pogo« oder »Das geht ab« veröffentlicht. Seine neue Musik wird aber wieder hart. Nicht wegen der Texte, sondern weil die Beats ultraschnell durch die Boxen wummern. Wahrscheinlich wird Manny Marc zum ersten Hardtekk-Rapper Deutschlands.

In Manny Marcs Haus erinnert vor allem die Toilette im Erdgeschoss an seine wilde BC-Zeit. Jeder Gast, der mal muss, muss sich mit einem Marker an den Wänden des Klos verewigen. Unzählige Namen stehen da: von Graffiti-Urgesteinen, von Berliner Untergrundrappern wie Blokkmonsta, von Wegbereitern der letzten Jahrzehnte. Einige von ihnen haben mit Manny Marc Mist gemacht, andere mit ihm gefeiert und Musik produziert, wieder andere haben mit ihm gekocht. Kochen ist für Manny Marc zur Leidenschaft geworden, seit rund zehn Jahren immer mehr. »Das wirkt nach langen Touren richtig therapeutisch«, sagt er. Tai Jason sieht das ähnlich. Er schneidet Zitronengras für den »Tai Marc Salat«, in einem Tempo, das uns Angst macht. Das Messer saust auf und ab, aber alle Finger bleiben dran. »Ich habe mir Schneidetutorials von Jamie Oliver angesehen«, sagt Tai Jason. »Der hat empfohlen, sich Kohl zum Üben zu besorgen. Der ist billig, und da ist viel dran.« Das habe er dann eben gemacht, und geschnippelt und geschnippelt und geschnippelt. Manny Marc ist ein bisschen neidisch.

Die beiden kochen zum ersten Mal zusammen, tauschen sich aber über WhatsApp schon seit einer Weile über Rezepte aus. Tai ist Profi in der Thai-Küche. Als Kind lebte er zusammen mit seiner Mutter auf der Insel Ko Samui in Thailand, jedes Jahr fliegt er zweimal rüber. »Meine prägnanteste Kindheitserinnerung ist, wie ich nackt am Strand von Ko Samui liege, und die Affen Kokosnüsse vom Baum werfen«, sagt er.

Auch Manny Marc ist Thailand-Fan und wurde schon in seiner Kindheit angefixt. Mit elf Jahren reiste er zum ersten Mal in das Land. »Damals haben mich vor allem die Garküchen beeindruckt, da habe ich mich gar nicht so richtig rangetraut«, sagt er. »Heute liebe ich das und habe sogar schon mal Heuschrecken probiert. War okay.«

Während die beiden von ihren Erinnerungen erzählen, schneiden sie weiter Zwiebeln, Koriander, Auberginen, Galgant und Chili. Dann unterbrechen sie ihre Erzählungen – denn beide mögen scharfes Essen. Jeder hat eine kleine Thai-Chili in die Hand genommen und sie ohne Zucken in den Mund manövriert. Tai hat zu kämpfen, denn die Chilis sind »pet pet«, das bedeutet »sehr scharf« auf Thailändisch. Manny Marc lacht in sich hinein. Pet pet scheint ihm nichts auszumachen.

RESTAURANT-TIPPS

MANNY MARC:
RESTAURANTE LAS SIRENAS, *S'Arenal, Balearen, Spanien*
TONSAI, *Berlin*
AROMA, *Berlin*
BERLIN BURRITO COMPANY, *Berlin*
PICCOLA TAORMINA, *Berlin*

TAI JASON:
GAGGAN, *Bangkok, Thailand*
PAD THAI STRASSENSTAND, *Bangkok, Thailand*
ÜBERFAHRT, *Rottach-Egern*
BLUE NILE, *München*
REGENBOGEN DÖNER, *Biberach an der Riß*

"ICH HABE SOGAR MAL HEU-SCHRECKEN PROBIERT. WAR OKAY."

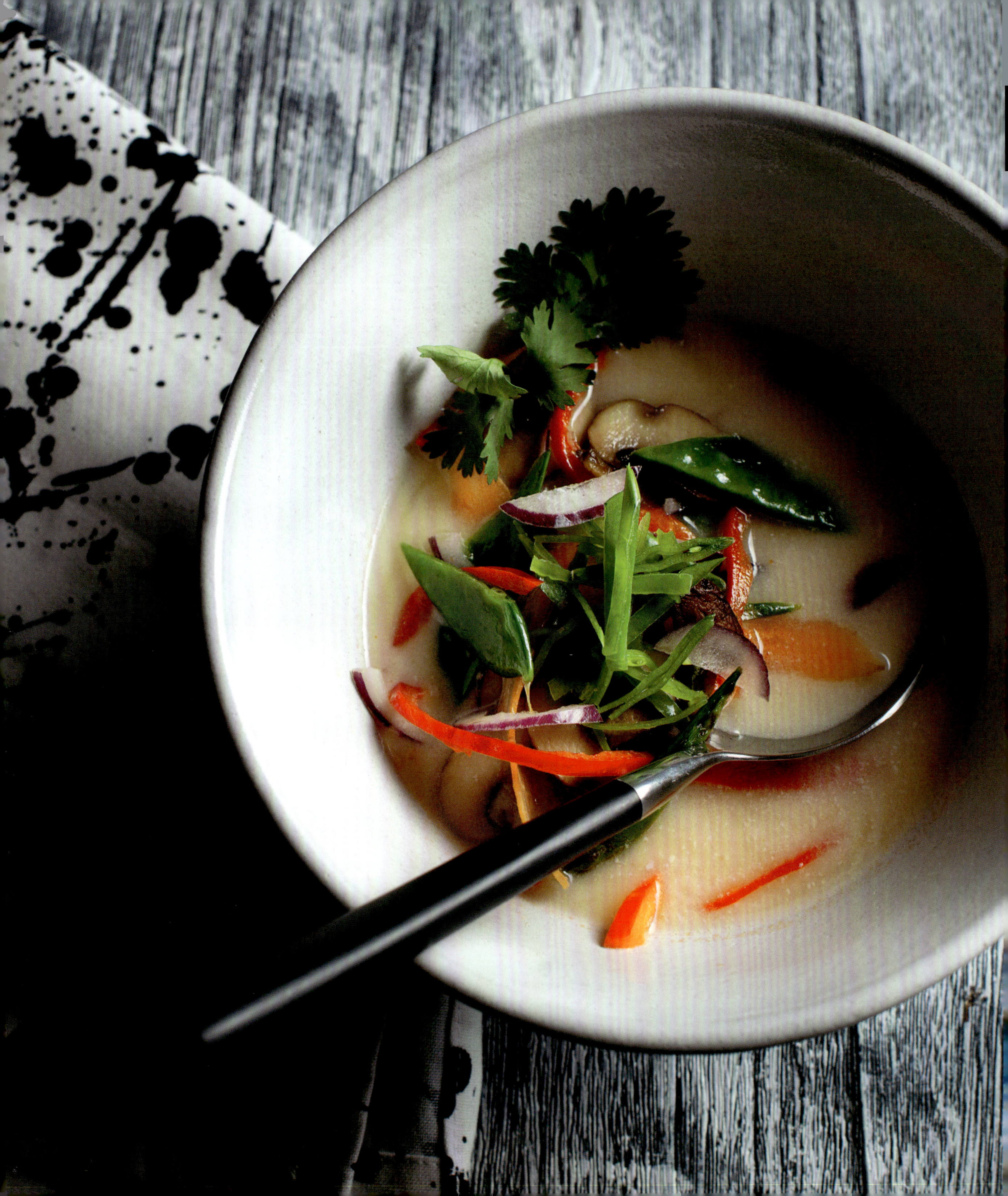

TOM KHA GAI

Für 4 Portionen

2 rote Spitzpaprika
2 Möhren
200 g Zuckerschoten
200 g Shiitake-Pilze
1 Chili
4 Stängel Zitronengras
50 g frischer Ingwer
1 l Kokosmilch
250 ml Wasser
4 getrocknete Limettenblätter
2 Limetten
1 EL Kokosblütenzucker (oder Honig)
Meersalz (nach Belieben)
1 Bund frischer Koriander

1 Paprika und Möhren waschen bzw. schälen und in mundgerechte Stücke schneiden. Die Zuckerschoten halbieren; die Pilze putzen und in Scheiben schneiden. Die Kerne entfernen und die Chili fein hacken. Das Zitronengras mit einem Messer (oder einem schweren Gegenstand) andrücken, damit sich das Aroma besser entfalten kann.

2 Den Ingwer fein hacken, dann das Zitronengras und den Ingwer zusammen mit der Kokosmilch und dem Wasser in einen Topf geben und kurz aufkochen. Paprika, Möhren, Pilze, Zuckerschoten und die Limettenblätter dazugeben und ebenfalls kurz aufkochen lassen. Den Saft der beiden Limetten sowie den Kokosblütenzucker hinzufügen und weitere 3–5 Minuten köcheln lassen.

3 Zitronengras und Limettenblätter vorsichtig, so gut es geht, aus der Suppe fischen. Mit Meersalz, gehacktem Koriander und eventuell noch etwas mehr Limettensaft abschmecken.

4 Die Suppe am besten in einer Schale anrichten, mit ein wenig Koriander dekorieren und servieren.

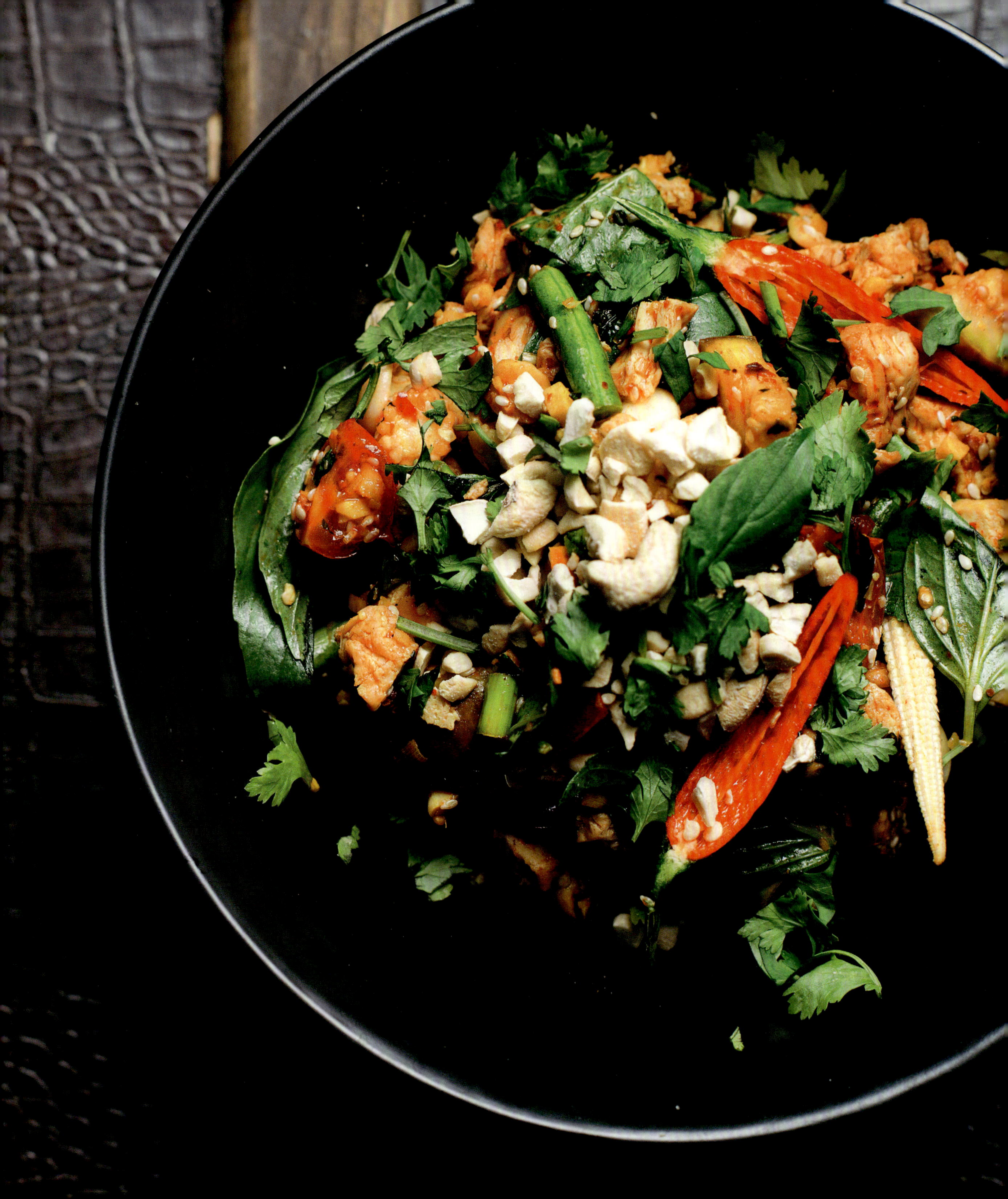

TAI-MARC-SALAT

Für 4 Portionen

6–8 Thai-Auberginen
3 rote Zwiebeln
700 g Szechuan-Tofu
2 Knollen Kurkuma
2 Knoblauchzehen
1 Knolle Ingwer
2 Knollen Galgant
2 EL Sesamöl
5 Stangen Zitronengras
1 Bund Thai-Basilikum
1 Bund Koriander
1 Bund Petersilie
2 Thai-Chilis
½ Bund Minze
Laab Namtok (Asia-Gewürzmischung)
Saft von 2 Limetten
3–6 EL Austernsauce

1 Thai-Auberginen, rote Zwiebeln und Tofu in Würfel scheiden. Kurkuma, Knoblauch, Ingwer und Galgant schälen, in feine Scheiben schneiden und im Sesamöl kurz anbraten. Die Masse abkühlen lassen, bis sie nur noch lauwarm ist.

2 Zitronengras, Thai-Basilikum, Koriander, Petersilie, Thai-Chilis und Minze fein hacken und mit in die Pfanne geben. Alles mit Laab Namtok, Limettensaft und Austernsauce abschmecken. In einer Schüssel anrichten und servieren.

VEGANER
OKTOBERFESTAUFSTRICH

Für 4 Portionen

80 g Cashewnüsse
200 g Seidentofu
125 g Alsan (vegane Butter)
100 ml Weißbier
2 EL Rapsöl (oder Sonnenblumenöl)
2 Schalotten (oder eine rote Zwiebel)
2 EL Paprikapulver
½ EL Kümmel
2 EL Petersilie
4 EL Hefeflocken
Salz, Pfeffer

1 Die Cashewnüsse für 1–2 Stunden in lauwarmem Wasser einweichen. Den Seidentofu mit den Händen recht fein in eine Schüssel zerbröseln, die vegane Butter ebenso. Die eingeweichten Cashews abgießen und mit dem Weißbier und dem Öl in einen Mixer geben. So lange mixen, bis eine cremige, glatte Masse entstanden ist.

2 Die Schalotten in kleine Würfel schneiden, dann Tofu, Alsan, Cashewcreme und die Schalotten vermengen. Mit Paprikapulver, Kümmel, Petersilie und Hefeflocken sowie mit Salz und Pfeffer abschmecken und servieren.

FISH & CHIPS

Für 4 Portionen

2 Eier (Größe M)
250 ml helles Bier
75 g Mehl
1 kg Kabeljaufilet (oder anderer Weißfisch)
3 EL Zitronensaft
800–1000 g Kartoffeln
2 l Frittierfett
Salz

TIPP
Als klassische Würzsauce eignen sich am besten ein milder Essig und Ketchup nach Wahl.

1 Die Eier trennen und das Eiweiß kühl stellen. Eigelb, Bier, Mehl und eine Prise Salz zu einem glatten Teig verrühren und zugedeckt ca. 30 Minuten stehen lassen. Kabeljaufilet waschen, trocken tupfen und in 40–50 g schwere Stücke schneiden. Den Fisch mit dem Zitronensaft beträufeln, salzen und kühl stellen.

2 Die Kartoffeln waschen, schälen und der Länge nach in gleich große Spalten schneiden. Fett in einer Fritteuse oder in einem hohen Topf auf 160–180 °C erhitzen. Die Kartoffelspalten gut trocken tupfen und portionsweise im heißen Fett goldbraun ausbacken; dann mit einer Frittierkelle herausnehmen und auf Küchenpapier kurz abtropfen lassen.

3 Das Eiweiß steif schlagen und unter den Bierteig heben; den Fisch portionsweise durch den Teig ziehen und im 160–180 °C heißen Fett 4–5 Minuten knusprig braun backen. Genau wie die Kartoffeln auf einem Küchenpapier abtropfen lassen. Zum Schluss die Kartoffeln mit Salz bestreuen und zusammen mit dem Fisch servieren.

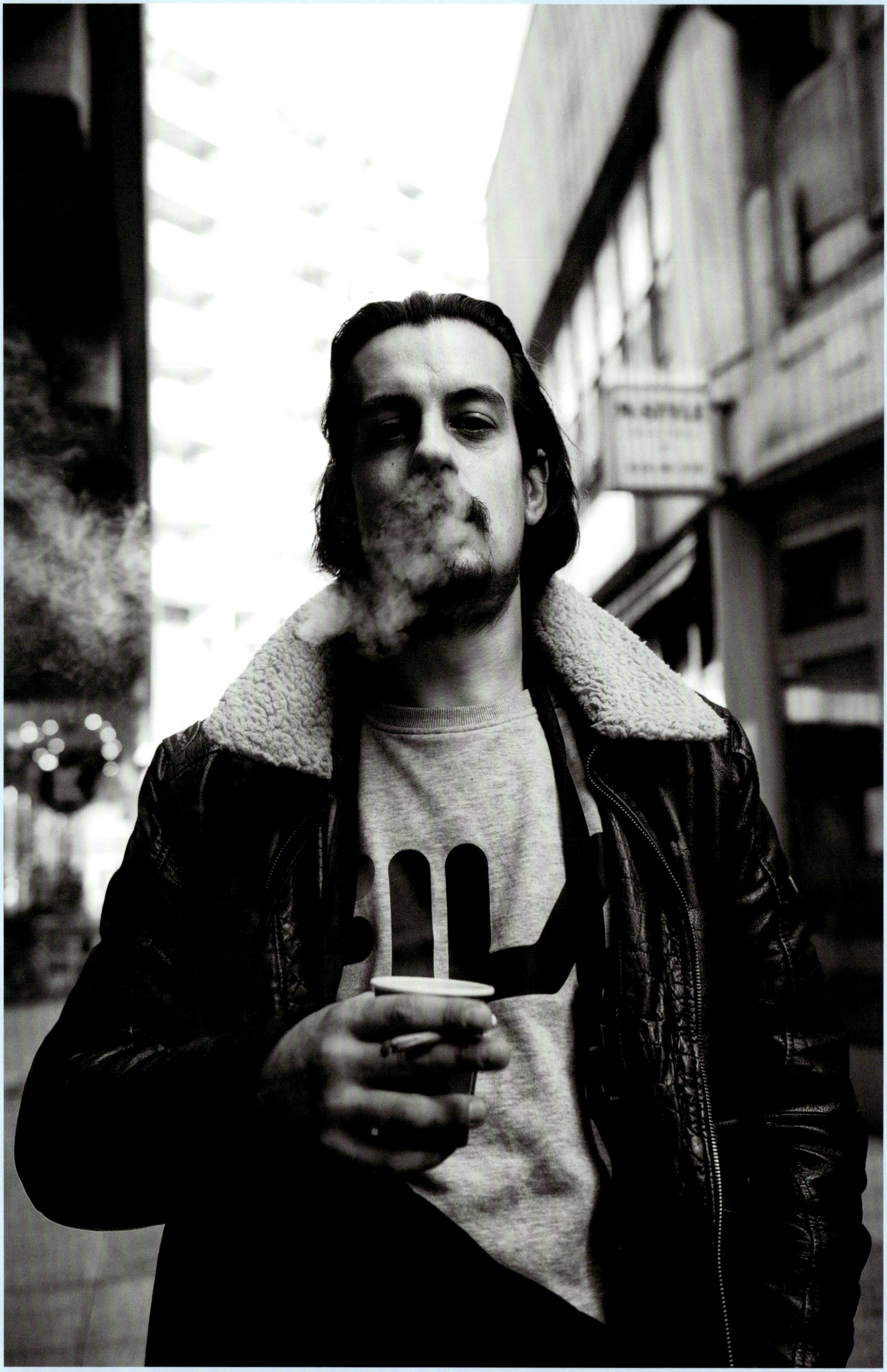

HAZE

Wie es funktioniert, den Sound der »alten Schule« halbwegs modern klingen zu lassen, das zeigt der Rapper Haze ziemlich eindrucksvoll. Der Karlsruher versteht es, ernste Geschichten zu erzählen, dabei aber immer locker zu klingen. Genauso locker ist er auch, wenn er mit Freunden am Grill steht und Cévape zubereitet – oder wenner sein Essen mal wieder teilen muss.

„IM KROATISCHEN DORF SCHMECKEN DIE TOMATEN NOCH NACH TOMATEN.

Unser Gespräch fand im Stari Most statt.

Bei Haze liegt etwas in der Luft – im wahrsten Sinne des Wortes. Kurz nachdem wir mit dem Karlsruher Rapper beim kroatischen Imbiss »Stari Most" am Kottbusser Tor in Berlin Cévape gegessen haben (O-Ton Haze: »Richtig krass!«) und einige Polizisten am Tisch vorbeistapfen sahen, zündet Haze sich erst mal einen Joint an. Fürs Foto und für den Spaß natürlich. Aber die Musik von Haze ist tatsächlich nichts für Hänger. Er rappt aggressiv, wirkt launisch, aber sympathisch, spielt mit seiner Stimme und rollt auch gerne mal das R. Er ist kein Freund von stumpfen Themen oder noch stumpferem Gepöbel, sondern sucht sich Inhalte mit Tiefe. Dann erzählt Haze zum Beispiel vom Aufwachsen als Migrant in Deutschland, nachdem seine Eltern vor dem Krieg aus dem kroatischen Teil Jugoslawiens geflohen waren. Die Beats, auf denen er das erzählt, knarzen und knallen und kommen düster daher.

Mittlerweile fährt Haze gern in das kroatische Dorf, in dem seine Großeltern noch immer leben, sagt er. Das Essen dort sei immer gut: »Im Dorf schmecken die Tomaten noch nach Tomaten.« Wenn er ankommt, wird über offenem Feuer eine Pfanne mit Gemüse und Fleisch zubereitet, dann kommt eine Gusseisenglocke darüber, die mit heißer Kohle überhäuft wird. »Das ist typisch für Balkandörfer.« In Karlsruhe wirft Haze, sobald es die Temperaturen zulassen, den Grill an. Dann gibt's natürlich Cévape, aber zusammen mit seiner Frau, einer Kurdin, versucht er, beide Küchen zu vermischen. Morgens gibt's dann zum Beispiel Menemen und abends manchmal einfach Currywurst mit selbst kreierter Sauce. Haze kocht recht selten, aber dafür gerne. Wenn es schnell gehen muss – und das muss es öfter, wenn die Album-Abgabe näher rückt, der Hund raus muss oder der Sohn ruft –, dann tun's auch Pizza oder Döner von Euphrat in Karlsruhe. Hazes Sohn guckt dem Vater dann ganz genau über die Schulter: »Er will immer das haben, was ich gerade esse«, sagt Haze und lacht. Dann hat er noch einen Tipp: Wer richtig gutes Balkan-Essen finden will, der solle in die kleinen, unscheinbaren Imbisse gehen. »Dort schmeckt es immer am krassesten.«

RESTAURANT-TIPPS
EUPHRAT, *Karlsruhe*
L'OSTERIA, *Karlsruhe*
SOFRA RESTAURANT, *Karlsruhe*
WONDER WAFFEL, *Berlin*
STARI MOST, *Berlin*

ĆEVAPČIĆI

Für 4 Portionen

2 Knoblauchzehen
1 kg Hackfleisch vom Rind oder Lamm (oder gemischt)
1 EL Paprikapukver
10 Tropfen Tabasco
2 EL Pflanzenöl
1 Zwiebel (zum Anrichten)
1 TL Salz, ½ TL frisch gemahlener Pfeffer

1 Die Knoblauchzehen schälen und fein hacken. Alle Zutaten bis auf die Zwiebel in eine Schüssel geben und gut verkneten. Die Ćevapčići-Masse in Folie wickeln und im Kühlschrank mindestens 2 Stunden ruhen lassen.

2 Danach aus der Masse mit feuchten Händen ca. 6 cm lange Würstchen formen und die Ćevapčići auf einem heißen Grill bzw. in einer Grillpfanne von allen Seiten knusprig braun grillen. Zum Schluss die Zwiebel in Ringe schneiden, die fertigen Ćevapčići mit den Zwiebelringen anrichten und servieren.

TIPP
Am besten schmecken die würzigen Ćevapčići in Kombination mit Ajvar.

MENEMEN

Für 4 Portionen

1 Zwiebel
2 grüne Spitzpaprika, mild
2 rote Spitzpaprika
2 EL natives Olivenöl zum Braten
2 Tomaten
4 Eier
Salz, frisch gemahlener Pfeffer

1 Die Zwiebel würfeln, die Paprika von Stielen und Samen befreien und ebenfalls klein würfeln. In einer beschichteten Pfanne das Olivenöl etwas erhitzen; zuerst die Zwiebelwürfel dazugeben und 2–3 Minuten später die Spitzpaprika hinzufügen. Alles leicht anbraten.

2 Anschließend die Tomaten in die Pfanne geben und mitbraten, bis die Flüssigkeit etwas eingekocht ist.

3 Zwei kleine Mulden schaffen und dann die Eier hineinschlagen. Bei leichter Hitze und geschlossenem Deckel stocken lassen. Zum Schluss noch mit Salz und Pfeffer würzen und warm servieren.

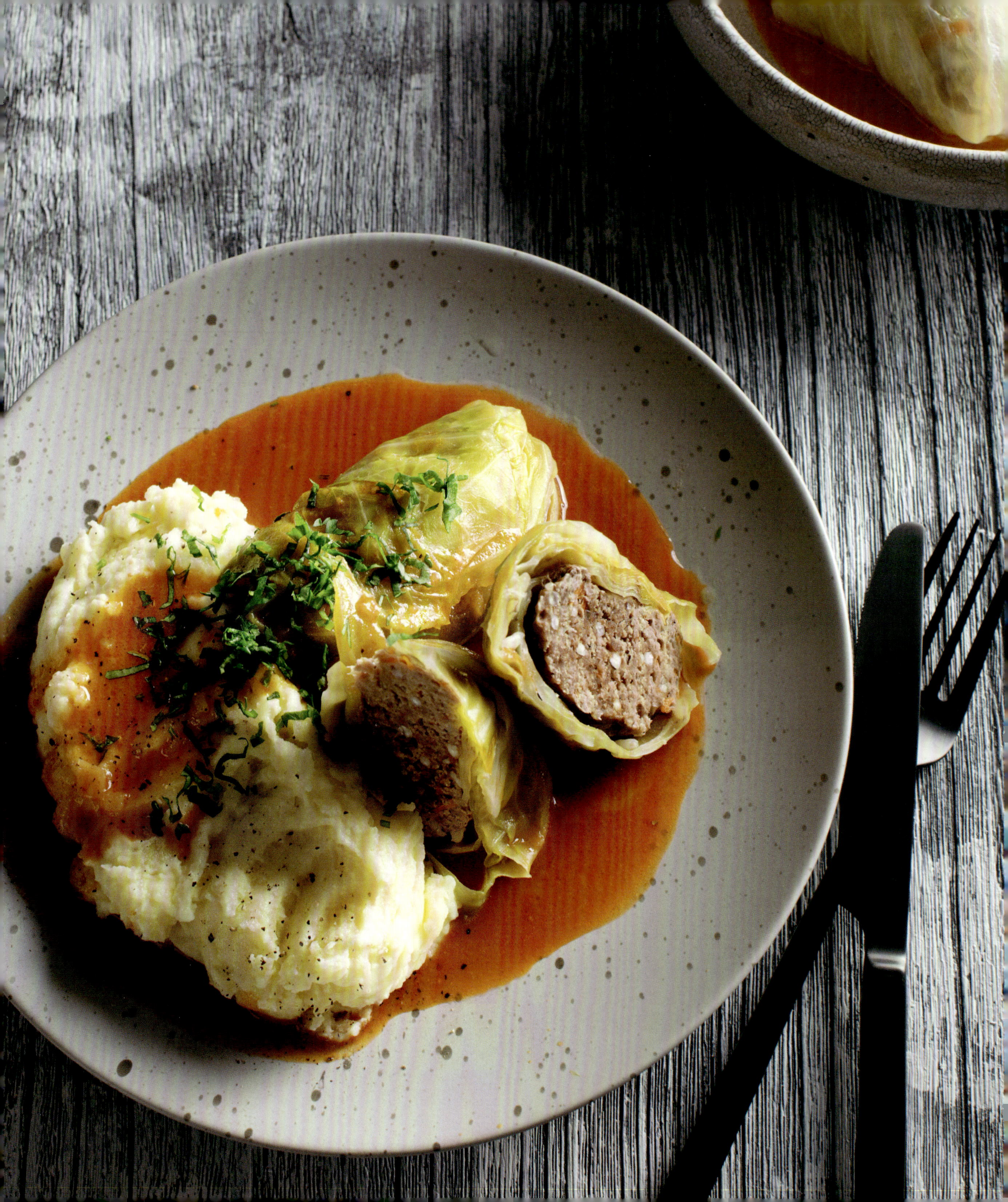

SARME (KOHLROULADEN)

Für 4 Portionen

ROULADEN

1 großer sauer eingelegter Krautkopf (oder Weißkohl; ca. 2 ½ kg)
100 g Speckwürfel
1 große Zwiebel
2 Karotten
4 Knoblauchzehen
500 g Rinderhackfleisch
150 g Reis
2 EL Öl
Majoran (nach Belieben)
2–2 ½ l Wasser
3–4 Lorbeerblätter
Salz, Pfeffer

MEHLSCHWITZE

12 EL Öl (ca. 90 ml)
3 gehäufte EL Mehl (ca. 70 g)
3 TL Paprikapulver, süßes und geräuchertes

1 Zunächst den Strunk des Krautkopfs bzw. Weißkohls entfernen und die Blätter vorsichtig ablösen (zur Verarbeitung von Weißkohl s. Tipp). Harte Stellen an den Blättern abschneiden, aber nicht wegwerfen, sondern als Schutz vor Anbrennen oder Ankleben auf dem Boden eines großen Topfs auslegen. Die Speckwürfel ebenfalls auf dem Topfboden verteilen.

2 Für die Füllung Zwiebel, Karotten und Knoblauch fein schneiden und mit dem Rinderhackfleisch vermengen. Die Masse dann mit dem gewaschenen Reis, Öl und nach Belieben mit Majoran, Salz und Pfeffer vermengen.

3 Zum Rollen der Rouladen jeweils eine kleine Menge Fleisch in Röllchenform auf ein Blatt Kraut bzw. Kohl setzen. Das Blatt dann einmal von unten umklappen, um die Füllung zu verschließen, und das Blatt anschließend von der linken Seite straff, aber nicht zu fest aufrollen (der Reis geht beim Kochen noch etwas auf).

4 Die Rouladen eng nebeneinander in den Topf legen und einen kleinen Teller auf die Sarme legen, um sie zu beschweren. So können sie sich beim Kochen nicht öffnen oder an der Oberfläche schwimmen. Die Sarme mit 1 ½ l warmem Wasser auffüllen, bis sie bedeckt sind, und aufkochen. Die Hitze sofort auf Stufe 2–3 reduzieren und die Rouladen zusammen mit den Lorbeerblättern bei niedriger Hitze ca. 1 ½ bis 2 Stunden köcheln lassen. Nach etwa einer ½ Stunde kontrollieren, wie viel Wasser übrig ist, und bei Bedarf nachfüllen. Die Sarme sollten immer ein wenig mit Wasser bedeckt sein. Nach Ablauf der Kochzeit den Teller und die Lorbeerblätter entfernen und die Flüssigkeit in eine Schüssel abgießen.

5 Mit der Flüssigkeit dann die Mehlschwitze zubereiten: Öl in einem Topf erhitzen, Mehl und Paprikapulver zu einer homogenen Masse vermengen und unter Rühren die Kochflüssigkeit hinzufügen. Die Mehlschwitze etwa 5 Minuten dickflüssig kochen; bei Bedarf mit Salz und Pfeffer würzen. Die Sauce dann zurück zu den Sarme geben und anrichten.

TIPP

Den Weißkohl in heißem Wasser blanchieren und die Blätter ablösen. Den Mittelteil in Stücke schneiden und zum Schutz vor Anbrennen in den Topf geben.

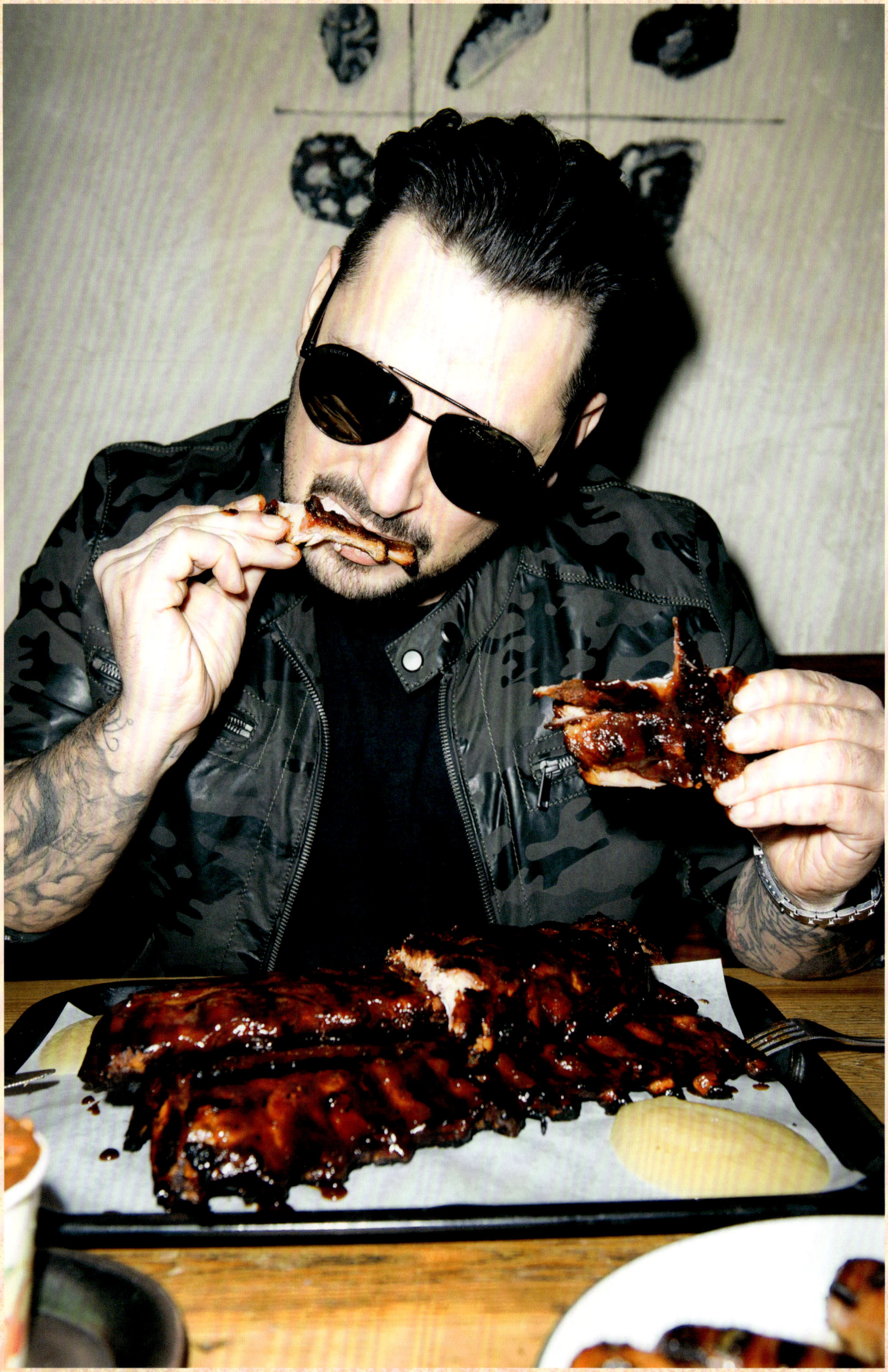

BASS SULTAN HENGZT

Bass Sultan Hengzt machte Rap hart, brachte dann Gitarren ins Spiel und warf schließlich alles wieder über Bord. Mit der Musik hält er es wie mit dem Essen: Er experimentiert mit Sounds, und er experimentiert mit Fleisch. Letzteres tut er so gerne, dass er tatsächlich überlegt, einen eigenen Hot-Wings-Laden zu eröffnen. Bis es so weit ist, gibt's Spareribs mit Freunden oder jede Menge Mozzarella.

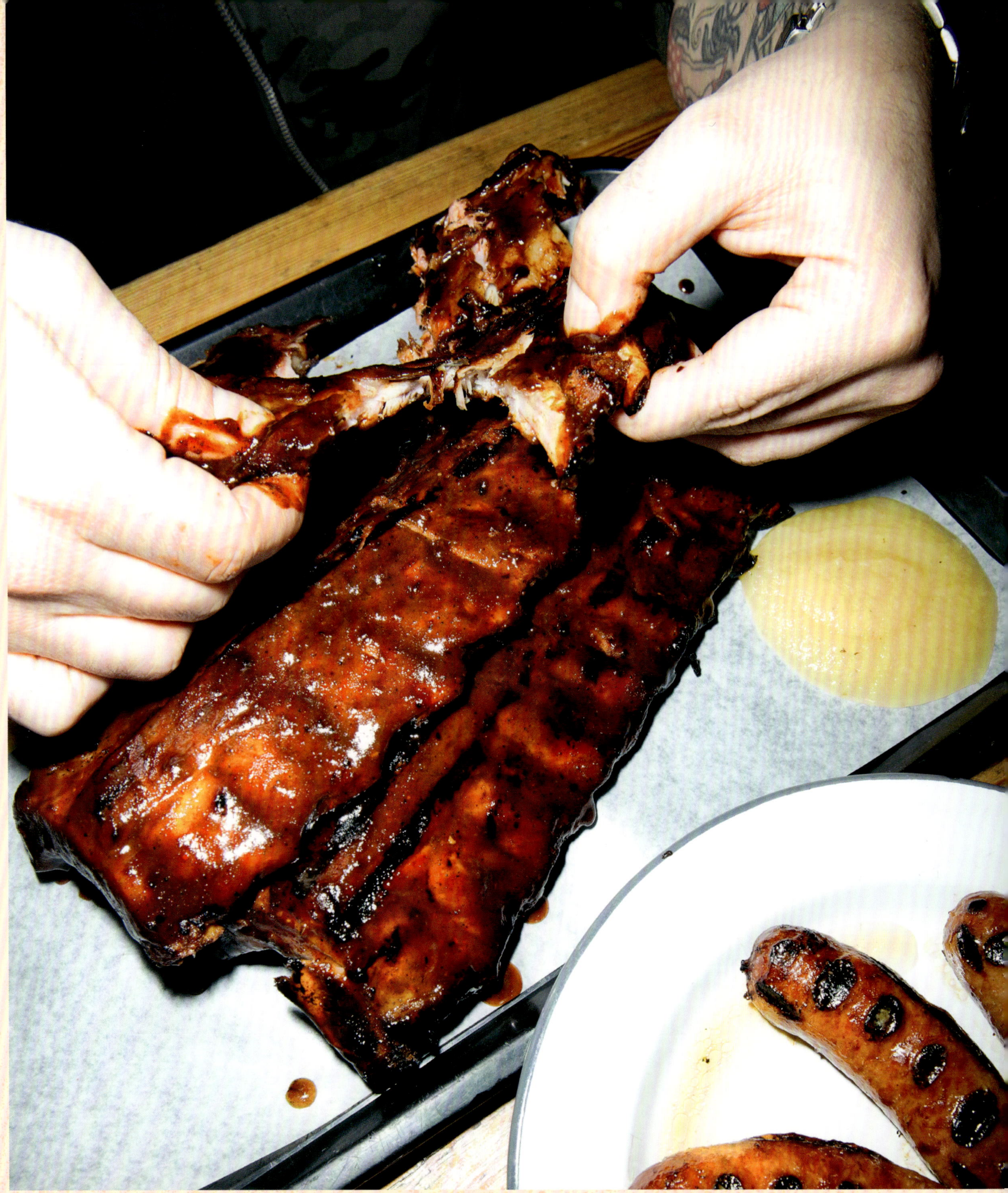

> **„ICH HABE DEN FRAUEN GESAGT, DASS ICH PIZZABÄCKER BIN, UM SIE ZU BE- EINDRUCKEN.**

Bass Sultan Hengtz will Fleisch. Darum sitzen wir mit ihm auch bei Chicago Williams in Berlin. Offiziell hat das Restaurant noch gar nicht geöffnet, aber Hengzt kennt da wen, und als wir reinkommen, läuft Hengzts Musik auf Anschlag. Auf dem Tisch stehen einige Platten mit Spareribs, im Hintergrund glüht ein riesiger Ofen vor sich hin, und Hengzt, der darüber nachdenkt, selbst ein Hot-Wings-Restaurant zu eröffnen, fühlt sich wohl. Er mag sein Essen rustikal und seinen Rap hart, da ist er ganz der alten Berliner Rap-Schule entsprungen.

Viele seiner Alben wurden indiziert, »Rap braucht kein Abitur« war früher sein Motto. Doch auch wenn es zur Künstlerpersönlichkeit auf einigen Tracks dazugehört: In seiner Musik ist Hengzt kein stumpfer Proll, jedenfalls nicht ausschließlich. Mit seinem Projekt »Poprockz« brachte er Gitarren ins Genre – ein großer Schritt für einen Straßenrapper. Hengzt experimentierte mit Pop-Melodien und Gesang, und ohnehin experimentiert er ständig, damit sein Sound nicht über die Jahrzehnte zum homogenen Brei verkommt. Früher veröffentlichte er Songs im Dunstkreis von Bushido, davor half Hengzt im Restaurant seines Vaters aus. Der stammt aus Italien, und Hengzt, der bei ihm Tellerwäscher war, schwindelte ein bisschen. »Ich habe den Frauen immer gesagt, dass ich da Pizzabäcker bin, um sie zu beeindrucken«, sagt er und grinst. Weil seine Mutter aber nicht aus Italien, sondern aus der Türkei stammt, sah es zu Hause am Esstisch immer ziemlich bunt aus. Hengzt erinnert sich: »Alles stand voll, auf der einen Seite lagen die Lammkoteletts, daneben stand Lasagne.« Das Beste aus beiden Küchen.

Wenn Hengzt kein Fleisch isst, dann steht höchstwahrscheinlich eine seiner Who-Shot-Ya-Partys an, die er regelmäßig organisiert. »Davor esse ich meistens wenig Kohlenhydrate und wenig Fette; mal Carpaccio, mal einen Salat«, sagt er. Doch dann wird gefeiert, und Hengzt feiert mit. Das kostet Kraft. Was danach passiert, wenn die Sonne gerade wieder aufgeht und Menschen sich übermüdet zur Arbeit schleppen? »Dicker, essen ist dann gar kein Ausdruck«, sagt Hengzt. »Ehrenlos« würde es dann werden. Dann gibt es Pizza mit Käserand. Und Mozzarella. Jede Menge Mozzarella!

RESTAURANT-TIPPS
CHICAGO WILLIAMS BBQ, *Berlin*
TONY ROMA'S, *Berlin*

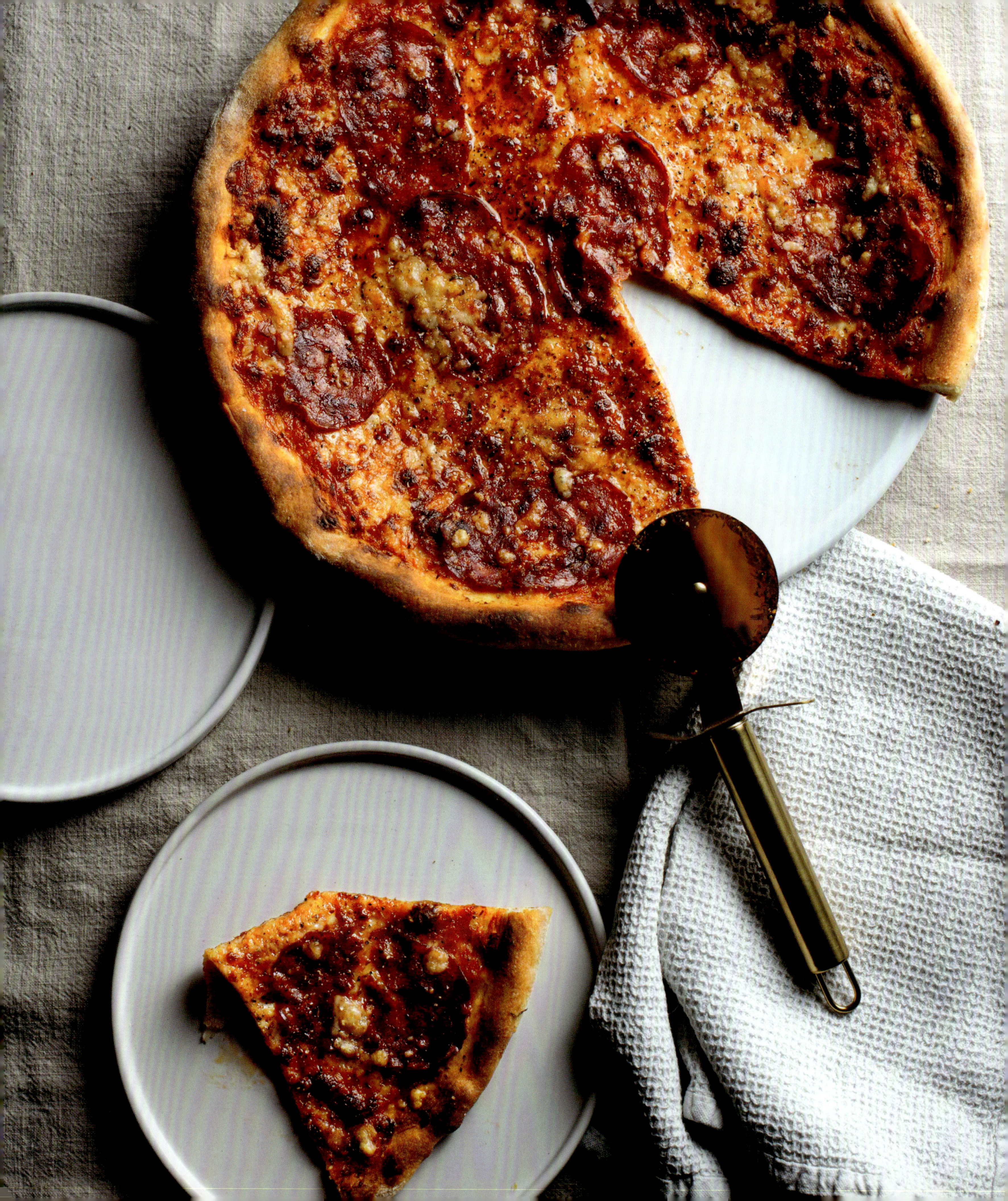

PIZZA SPEZIALE

Für 4 Pizzen

TEIG
300 ml lauwarmes Wasser
5 g frische Hefe
500 g Mehl
1 TL Salz

BELAG
2 Kugeln Büffelmozzarella (à 125 g)
½ Dose Pizzatomaten (ca. 200 g)
getrockneter Oregano (nach Belieben)
1 Topf Basilikum
ca. 100 g scharfe Salami, dünn geschnitten
Salz, Pfeffer

1 Für den Teig zunächst das Wasser in eine Schüssel gießen. Die Hefe in das Wasser bröseln und unter Rühren auflösen. Das Mehl und den Teelöffel Salz hinzugeben und alles mit den Knethaken eines Handrührers gut verkneten. Die Masse dann mit den Händen zu einem glatten Kloß formen und sie auf einer leicht bemehlten Arbeitsfläche etwa 10 Minuten lang geschmeidig kneten. Den Teig dann in eine Schüssel geben, mit Klarsichtfolie abdecken und ihn bei Zimmertemperatur 90 Minuten gehen lassen.

2 Den Teig danach auf einer leicht bemehlten Arbeitsfläche zu einer Rolle formen, dabei aber nicht zu viel kneten. Die Rolle in vier gleich große Stücke teilen und die Teigstücke zu Kugeln formen. Im Abstand von 10 cm in eine leicht bemehlte Form legen. Mit Mehl bestäuben, abdecken und noch einmal 60 Minuten gehen lassen.

3 Ein Backblech oder einen Pizzastein im heißen Ofen bei mindestens 250 °C und maximal 350 °C vorheizen, am besten bei Ober- und Unterhitze. Die zwei Kugeln Büffelmozzarella abtropfen lassen und grob würfeln. Dann eine erste Teigkugel auf einer bemehlten Arbeitsfläche von innen nach außen zum dünnen Teigfladen von etwa 24 cm Durchmesser ausrollen. Mit ¼ der Pizzatomaten bestreichen, dann mit ¼ des Mozzarellas sowie nach Belieben mit Oregano bestreuen und auf Backpapier setzen (bei einem Pizzastein ist kein Backpapier nötig).

4 Die belegte Pizza mithilfe des Backpapiers auf das Blech ziehen und im unteren Drittel des Ofens 4–15 Minuten backen – je nach dicke des Teigs und Hitze des Ofens. Die Basilikumblätter abzupfen, ¼ der Menge auf die Pizza streuen, mit etwas Salz und Pfeffer würzen und zum Schluss mit der scharfen Salami belegen. Die übrigen Pizzen ebenso backen, belegen und servieren.

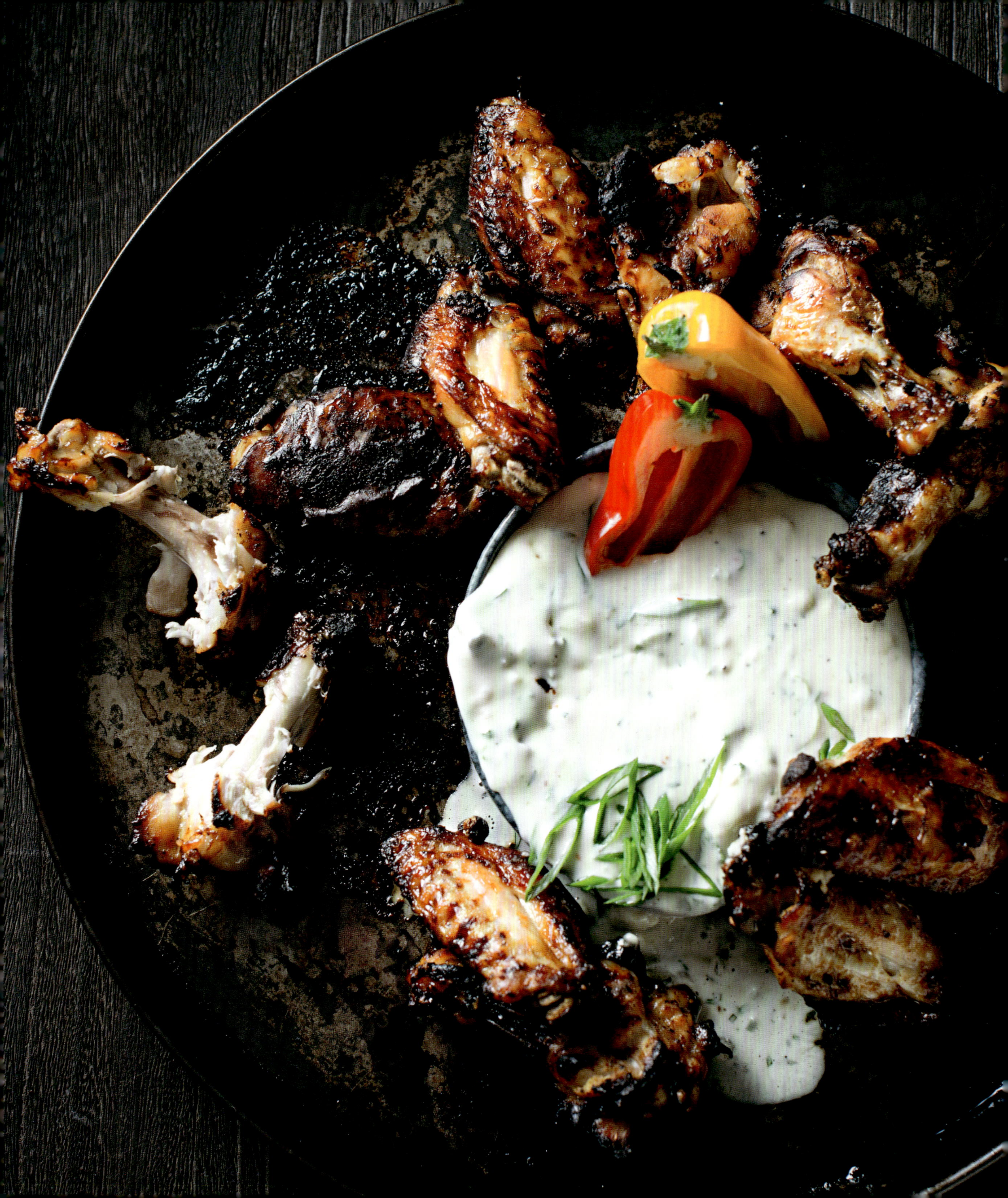

HOT WINGS

Für 4 Portionen

WINGS
50 g Butter
½ Tasse Hot-Chili-Sauce
4 EL Sojasauce
1 EL Paprikapulver
1 EL Chiliflocken
1 EL Knoblauchpulver
1 TL Cayennepfeffer
20 Chicken Wings

DIP
150 g Blauschimmelkäse (z. B. Roquefort)
50 g Mayonnaise
100 g saure Sahne
1 EL Essig
1 Knoblauchzehe, klein gehackt

Unser Gespräch fand im Chicago Williams statt.

1 Butter, Chilisauce, Sojasauce, Paprikapulver, Chiliflocken, Knoblauchpulver und Pfeffer in einem Topf bei niedriger Temperatur erwärmen, bis alle Zutaten vermischt sind.

2 Die Chicken Wings in einen Behälter geben und sorgfältig mit der Sauce vermengen, bis die Oberflächen der Flügel gleichmäßig bedeckt sind. Die Chicken Wings zunächst noch für ca. 45 Minuten in den Kühlschrank stellen; erst danach im vorgeheizten Backofen bei 160 °C backen, bis sie goldbraun sind. Blauschimmelkäse, Mayonnaise, saure Sahne, Essig und die klein gehackte Knoblauchzehe vermengen. Dann die Hot Wings mit dem Blue-Cheese-Dip servieren.

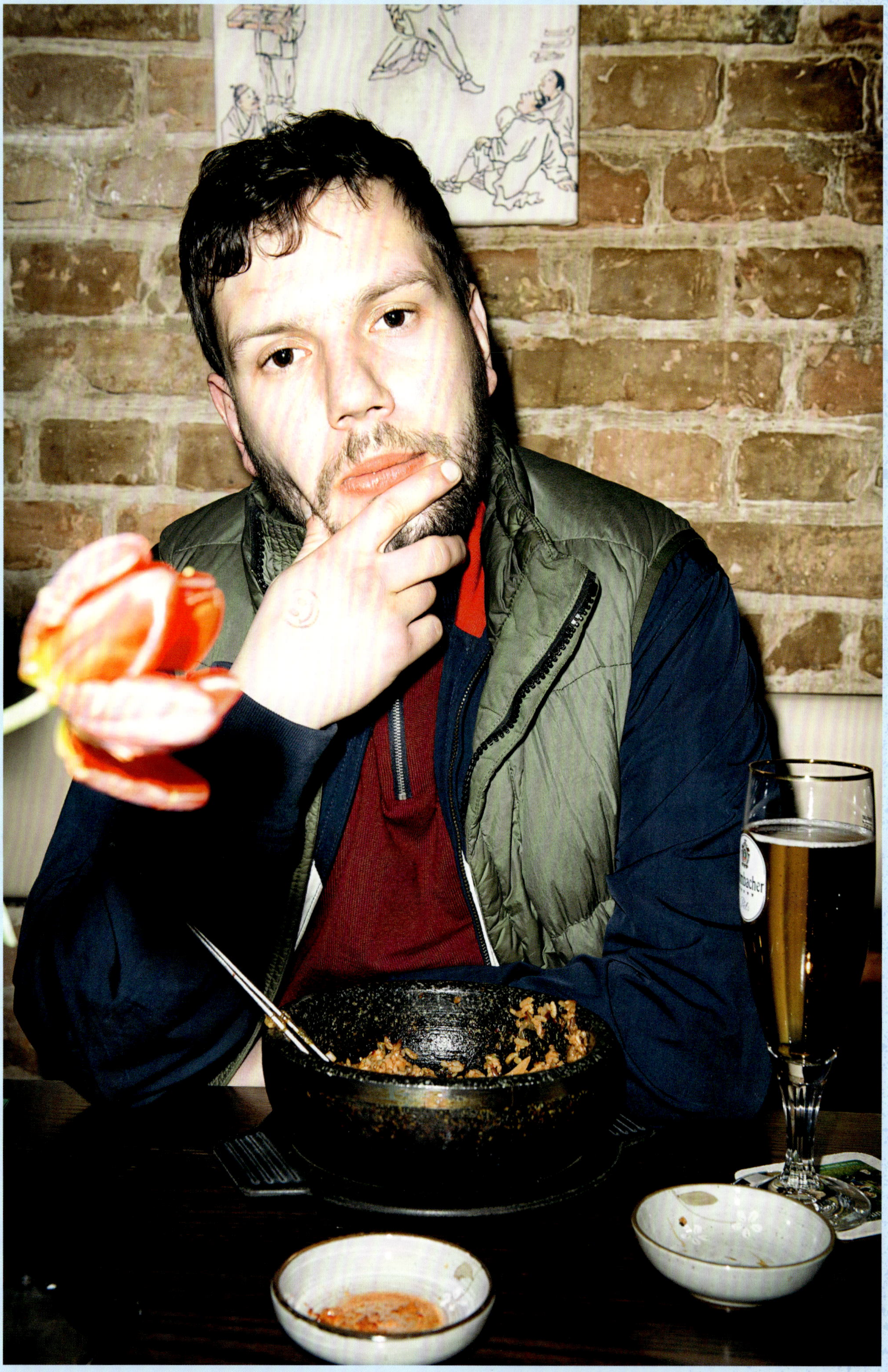

MC BOMBER

MC Bomber verausgabt sich oft und gerne. Beim Feiern in Clubs, in Kneipen und sogar in Gebüschen, denn dahinter versteckt lässt es sich gut sprühen. Vor allem aber verausgabt sich MC Bomber dann, wenn er harten Battle-Rap auf Boom-Bap-Beats aufnimmt. Partys, Musik und Bildhauerei: Bomber hat unzählige Leidenschaften. Das Essen ist und bleibt für ihn eine der wichtigsten. Denn das ist für ihn Kultur.

In Berlin Prenzlauer Berg gibt es ruhebedürftige Mütter, die ihre Kinderwagen durch Parks schieben und teuren Espresso mit Sojamilch trinken. Und es gibt MC Bomber, den selbst ernannten »P-Berg-Ayatollah«, der morgens früh um 7 von einer Party aus einem Technoschuppen wie dem Berghain oder dem Kater Blau nach Hause kommt. Dann kocht er mit seinen Freunden gerne noch sein selbst kreiertes Atzenchili mit »ganz, ganz vielen Schalotten«. Bomber sagt: »Essen ist Kultur.« Einige fänden das vielleicht spießig, aber beim gemeinsamen Essen mit der Familie, da fange Kultur doch an. Früher standen dann Fenchelsalat und Spiegelei mit Spinat und Kartoffeln auf dem Tisch, an Feiertagen auch mal ein Braten. Jetzt geht Bomber gerne zu seinen Lieblingsvietnamesen und -koreanern in Ostberlin – oder kocht eben selbst, nach schlaflosen Nächten in Clubs, Kaschemmen, Studios oder im Gebüsch. »Gebüsch« heißt auch sein neuestes Album, das nach unzähligen kostenlos im Internet veröffentlichten Mixtapes auf Platz 5 in den deutschen Albumcharts eingestiegen ist.

Bomber und das Attribut »spießig« passen nicht zusammen; das hört man in seiner Musik, und das sieht man in seinen Videos, in denen er mit seinen Leuten die Stadt übernimmt. Jahrelang war Bomber in der Berliner Graffitiszene unterwegs. Noch heute kann man verblasste Bilder von ihm an diversen Wänden erahnen; Bilder, die wie Protestslogans neben Schickimicki-Läden in Berlin Mitte prangen. Auch seine Musik ist durchzogen von Geschichten über nächtliche Aktionen in Berlin, die mit Farbe oder viel Bier zu tun haben. Die Beats, die diese Geschichten begleiten, klingen organisch und werden getragen von Soundfetzen, die von uralten Funkplatten stammen könnten und nun die Grundlage für den gewitzten Proll-Talk des P-Berg-Ayatollahs bieten. Auch das ist für Bomber Kultur: Battle-Rap auf Boom-Bap-Beats und Graffiti auf S-Bahn-Waggons. Nebenbei studiert Bomber auch noch Bildhauerei an der Weißensee Kunsthochschule Berlin. Aber neben all den Leidenschaften sei Essen »eben das Wichtigste«. Das sagt Bomber, als er dem Autor und dem Fotografen dieses Buchs bei seinem Lieblingskoreaner »Bibim« in Berlin gegenübersitzt. Dann bestellt er sich Bibim Bap. Und dazu ein Bier. Denn auch das gehört für ihn zur (Ess-)Kultur.

Unser Gespräch fand im Bibim statt.

RESTAURANT-TIPPS
IMREN GRILL, *Berlin*
MONSIEUR VUONG, *Berlin*
MAOTHAI, *Berlin*
BIBIM, *Berlin*
COCOLO RAMEN, *Berlin*

„ESSEN IST KULTUR.

ATZENCHILI

Für 4 Portionen

2 Gemüsezwiebeln
2 Knoblauchzehen
3 Paprikaschoten (je einmal rot, gelb und grün)
5 EL Olivenöl zum Braten
4 EL Tomatenmark
500 g Rinderhackfleisch
2 Dosen geschälte und gewürfelte Tomaten
1 Dose Chilibohnen oder Kidneybohnen (420 g)
1 Dose Mais (120 g)
2 Lorbeerblätter
½ EL Chilischote, getrocknet und gemahlen
200 ml trockener Rotwein
1 TL Kreuzkümmel, gemahlen
Oregano (nach Belieben)
4 EL Backkakao (oder Nesquik)
Salz, frisch gemahlener Pfeffer

1 Zuerst die Zwiebeln und den Knoblauch schälen, die Paprika waschen und alles in Würfel schneiden. Das Rinderhackfleisch in einem Topf in Olivenöl scharf anbraten, dann die gewürfelten Zwiebeln und Paprika dazugeben. Das Tomatenmark zur Hack-Zwiebel-Masse geben und kurz mit anrösten.

2 Gewürfelte Tomaten, Bohnen, Mais, Lorbeerblätter, Chili und Rotwein ergänzen und alles mit Kreuzkümmel, Oregano (falls gewünscht) sowie Salz und Pfeffer würzen. Bei Bedarf etwas Wasser einrühren, falls das Chili zu dick sein sollte. Für eine besonders cremige Konsistenz, eine schöne dunkle Farbe und einen Geschmackskick dann noch den Backkakao (oder Nesquik) hinzugeben.

3 Das Chili mindestens 45 Minuten bei mittlerer Hitze köcheln lassen, damit alles durchgaren kann. Lorbeerblätter entfernen und das Chili dann mit Reis oder Fladenbrot servieren.

QUINOA-SALAT

Für 4 Portionen

250 g Quinoa
200 g Tomaten (oder Kirschtomaten)
1 Salatgurke
2 Stängel Minze
3 Stängel Petersilie
3 EL Olivenöl
3 EL Zitronensaft
2 EL Salatkernmischung
Salz, Pfeffer

1 Quinoa in einem Sieb kalt abbrausen und abtropfen lassen. Dann in einen Topf mit 300 ml Salzwasser geben, aufkochen und zugedeckt bei mittlerer Hitze 20 Minuten quellen lassen. In eine Schüssel geben und abkühlen lassen.

2 Die Tomaten putzen, das Kerngehäuse entfernen und die Tomaten würfeln (Kirschtomaten einfach vierteln). Die Gurke waschen und halbieren; die Kerne mit einem Teelöffel herauskratzen und die Salatgurke dann würfeln. Minz- und Petersilienblätter von den Stängeln zupfen und grob hacken. Das Öl und den Zitronensaft zu einer Vinaigrette vermischen und nach Belieben mit Salz und Pfeffer abschmecken.

3 Quinoa, Tomaten, Gurken, Kräuter und Vinaigrette mischen, anrichten, mit den Salatkernen bestreuen und servieren.

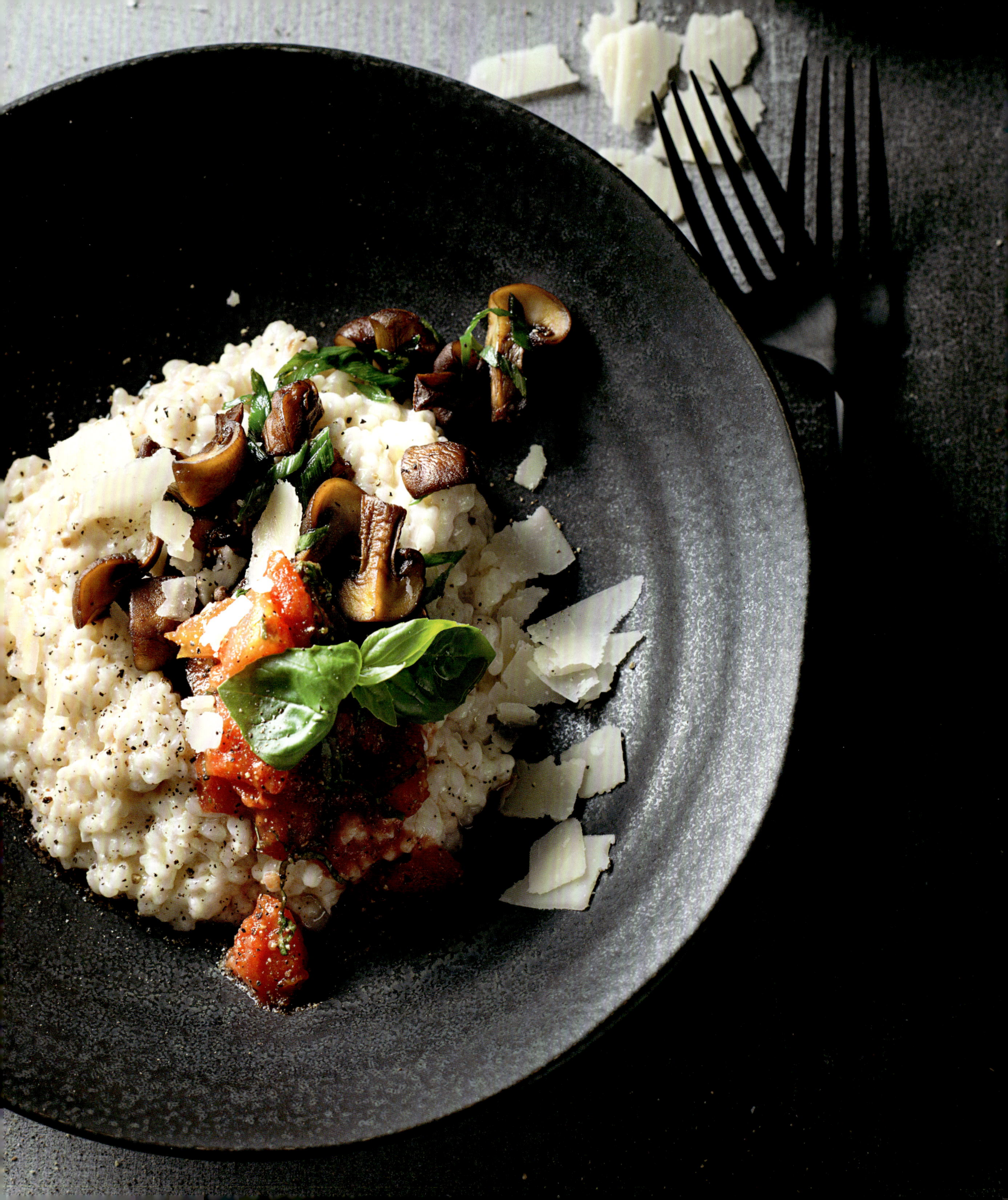

RISOTTO
MIT GEBRATENEN PILZEN

Für 4 Portionen

500 g gemischte Pilze (z. B. Austernpilze, Kräutersaitlinge und Champignons)
4 EL Olivenöl zum Braten
1 EL Butter zum Braten
1 Zwiebel (ca. 60 g), gewürfelt
300 g Risottoreis (z. B. Arborio)
125 ml Weißwein
1 l Gemüsebrühe
500 ml Sahne
100 g geriebener Parmesan
2 EL fein geschnittener Schnittlauch

1 Die Pilze putzen und bei Bedarf feucht abwischen. 100 g Pilze klein würfeln und in 2 EL Olivenöl rundherum braun anbraten. Die Hitze reduzieren. Butter mit in die Pfanne geben und die gewürfelte Zwiebel mitbraten.

2 Risottoreis hinzugeben und rühren, bis alle Reiskörner mit Fett überzogen sind. Mit Weißwein aufgießen und einkochen. Das Risotto immer wieder mit Gemüsebrühe und Sahne aufgießen und so lange einkochen lassen, bis der Reis die Brühe aufgesogen hat; dabei ständig umrühren. Das Risotto ist fertig, wenn die Reiskörner innen noch ein wenig »al dente« sind.

3 Den geriebenen Parmesan einrühren und ihn 2 Minuten bei kleiner Hitze erwärmen, das Risotto dann vom Herd nehmen und es zugedeckt für 5 Minuten ziehen lassen.

4 Die restlichen Pilze in 2 EL Olivenöl rundherum braun anbraten, auf dem Risotto anrichten und schließlich mit dem Schnittlauch bestreuen.

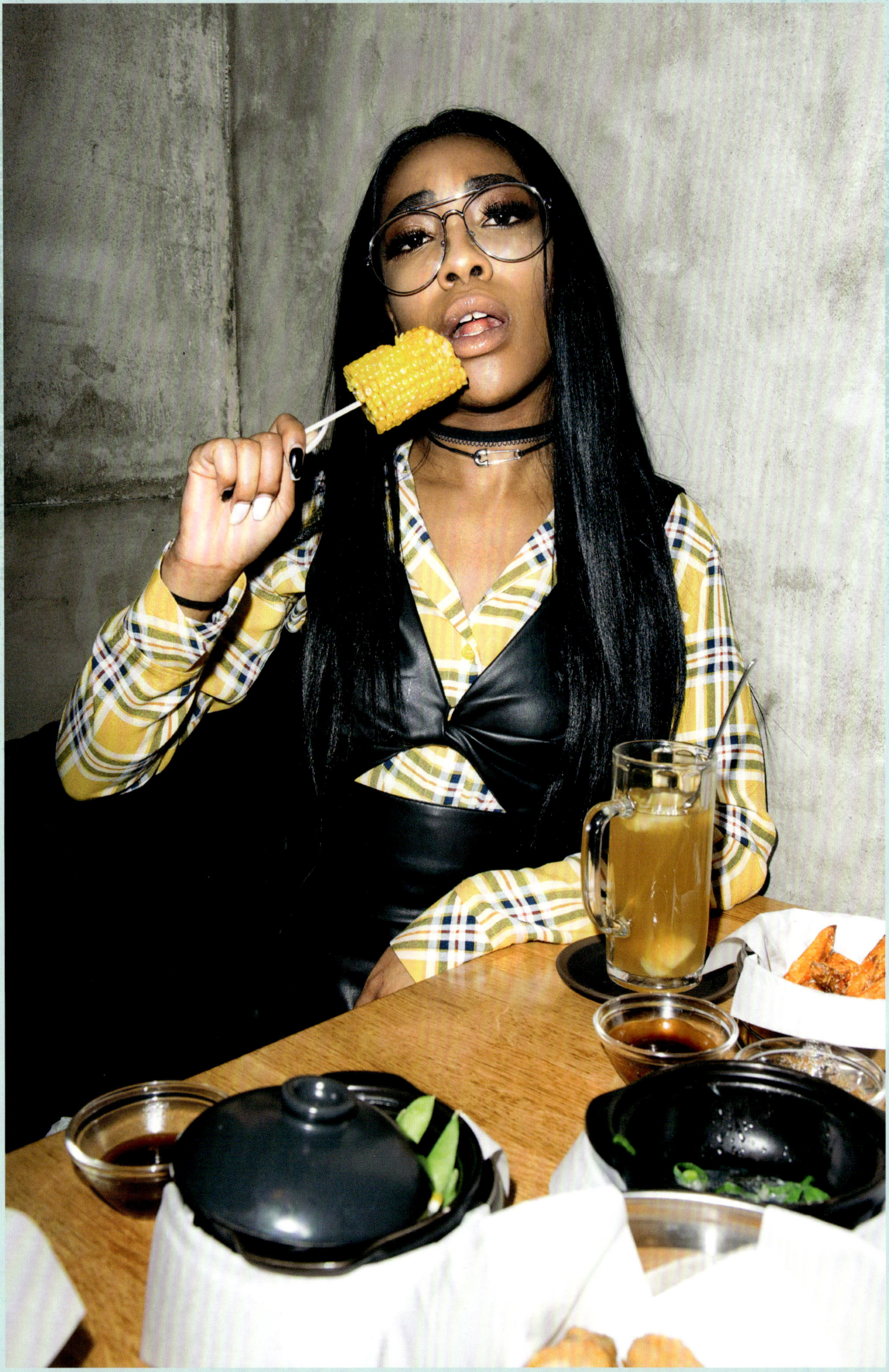

EUNIQUE

Als Eunique ihr erstes Album aufnahm, blieb wenig Zeit für Essen und Schlafen: Mit ihrem Produzenten Michael Jackson schloss sie sich in einer Wohnung ein und produzierte im »Bootcamp«, wie sie es nennt, ihr Debütalbum. Heute kann Eunique wieder entspannt Shrimp Curry für sich und ihre Mitbewohnerin kochen – und die Lust am Kochen hat sie trotz einiger krasser Kindheitserlebnisse zum Glück nicht verloren.

Wie isst man eigentlich in einem Bootcamp? »Unregelmäßig, und eigentlich nur dann, wenn die Kräfte nachlassen«, sagt Eunique. Sie muss es wissen – denn so verbrachte sie mehrere Monate. In Berlin Schöneberg, bei ihrem Produzenten und Manager Michael Jackson, arbeitete sie hinter verhangenen Fenstern wie besessen an ihrem Album. Zusammen feilten sie ununterbrochen und ultra-fokussiert an allem, was für den Erfolg entscheidend sein könnte: an Euniques Auftreten, an ihrer Stimme, vor allem aber an der Musik für ihr Debütalbum »Gift«. Eunique ist vergleichsweise neu in der Szene, wird aber schon jetzt als die aktuell talentierteste Rapperin Deutschlands gehandelt. Sie lud Freestyles in soziale Medien und wurde so entdeckt. Nun schreibt sie Empowerment-Tracks und motivierende Songs, deren Sound an den Rap-Zeitgeist in den USA erinnert. Wahrscheinlich liegt ihr der Rap im Blut. Euniques Vater war als Too Poetic Mitglied der legendären US-Rap-Crew »Gravediggaz«.

Ihre Mutter stammt ursprünglich aus Ghana. Eunique sagt, dass sie ihre heftigsten Essenserlebnisse als Kind immer dann hatte, wenn sie ihre Oma in Ghana besuchte. »Einmal fragte mich meine Oma, welches mein Lieblingshuhn sei. Ich habe nichtsahnend auf ein Huhn im Garten gezeigt – und meine Oma hat dem Tier den Kopf abgeschlagen, um das Fleisch in einem Eintopf zu verkochen. Ich habe immer wieder ›Mörderin, Mörderin!‹, geschrien«, sagt sie und muss über die Szene lachen. Ein anderes Mal drückte ihre Oma ihr grinsend ein paar Schnecken vom Markt als Snack in die Hand, und einmal, da stieß Eunique einen Sack in der Vorratskammer des Hauses ihrer Familie um: »Mir sind hunderte Krebse entgegengekrabbelt. Ich habe mich krass erschrocken«, sagt sie.

Die Lust am Kochen mit Fleisch hat sie trotz dieser Kindheitserlebnisse nicht verloren. Eunique improvisiert viel; sie hat schon mal eine Lasagne mit Fischstäbchen gemacht und einen Tortilla-Auflauf probiert. Während der Bootcamp-Zeit, als neben den unzähligen Fotoshootings, Videodrehs und Recordingsessions auch oft ein Personal Trainer auf der Matte stand, gab es vor allem Reis mit Hühnchen, Magerquark und manchmal Bananen. Mittlerweile kann Eunique wieder alle möglichen verrückten Kreationen essen – und ist sichtlich froh darüber.

Unser Gespräch fand im Chickenbuzz statt.

RESTAURANT-TIPPS
CHICKENBUZZ, *Berlin*
JIM BLOCK, *Berlin*
VAN ANH, *Berlin*
JIMMYS, *Hamburg*
YA-MAN, *Berlin*

„ DEM TIER WURDE DER KOPF ABGE-SCHLAGEN, UM DAS FLEISCH IN EINEM EINTOPF ZU VERKOCHEN.

TORTILLACHIPS-AUFLAUF

Für 4 Portionen

750 g tiefgefrorene Chicken Wings
Paprikapulver (nach Belieben)
1 Paprika
1 Zwiebel
2 Knoblauchzehen
4 Tomaten
ggf. Tomatenmark (oder Ketchup)
Cumin (nach Belieben)
Butter für die Form
½ Becher saure Sahne
½ Becher Crème fraîche (125 g)
250 g Tortillachips
100 g geriebener Mozzarella
100 g geriebener Gouda
Salz, Pfeffer

1 Die Chicken Wings auftauen, die Knochen vom Fleisch trennen und das Fleisch in mundgerechte Stücke schneiden. In einer Pfanne mit Salz und Paprikapulver würzen, kurz scharf anbraten und dann zur Seite stellen. Die Paprika waschen, entkernen, in kleine Stücke schneiden und in derselben Pfanne anbraten, dann zu den Hähnchenstücken geben.

2 Zwiebel, Knoblauchzehen und Tomaten in einem Mixer klein hacken. Je nach Konsistenz ein wenig in der Pfanne einkochen lassen oder etwas Tomatenmark oder Ketchup dazugeben – die Sauce sollte nicht zu dünn sein. Mit Cumin, Salz und Pfeffer kräftig würzen.

3 Eine ausreichend große Auflaufform einfetten, dann mit dem Schichten beginnen: Zuerst die Hälfte des Hühnchens und der Paprika, dann die Hälfte der Sauce. Darauf etwas saure Sahne und Crème fraîche verteilen. Nun die Chips auslegen; einige leicht in der Hand zerbröseln und mit in die Auflaufform geben. Zuletzt etwas geraspelten Käse dazugeben. Die restlichen Zutaten genauso schichten.

4 Den Auflauf für 20 Minuten, mit Alufolie bedeckt, in den Ofen 160°C geben. Für die letzten 10 Minuten dann die Folie entfernen. Wenn der Käse schön goldbraun ist, den Tortillachips-Auflauf aus dem Ofen holen und servieren.

GARNELENCURRY
MIT BABYSPINAT

Für 4 Portionen

2 Zwiebeln
2 Knoblauchzehen
4 Frühlingszwiebeln
2 TL Ingwer
2 gelbe Paprika
200 g Austernpilze
4 EL Kokosöl zum Braten
1 TL Currypulver
½ TL Cayennepfeffer
2 Prisen Zimt
4 EL Tomatenmark
4 TL rote Currypaste
1 Dose Kokosmilch
2 EL Limettensaft
400 g gefrorene Garnelen
200 g Babyspinat
4 TL Kokosraspel
Salz, Pfeffer

1 Die Zwiebeln fein würfeln. Den Knoblauch hacken, die Frühlingszwiebeln in Ringe schneiden und den Ingwer reiben. Paprika waschen, Austernpilze putzen und in Streifen schneiden.

2 Einen Esslöffel Kokosöl in einer Pfanne schmelzen und die Zwiebeln darin glasig anschwitzen. Knoblauch, Frühlingszwiebeln, Ingwer, Currypulver, Cayennepfeffer und Zimt dazugeben und kurz mit anschwitzen. Das Tomatenmark und die Currypaste einrühren und alles nach Belieben mit Salz und Pfeffer würzen. Paprika und Austernpilze dazugeben und kurz mitbraten. Dann alles mit Kokosmilch und Limettensaft ablöschen und bei mittlerer Hitze 5 Minuten köcheln lassen.

3 In einer zweiten Pfanne das restliche Kokosöl erhitzen, die Garnelen von beiden Seiten kurz scharf anbraten und sie nach Belieben mit Salz und Pfeffer würzen. Babyspinat waschen, mit in das Curry geben und unterrühren. Das Curry zum Schluss mit den Garnelen toppen, mit den Kokosraspeln garnieren und servieren.

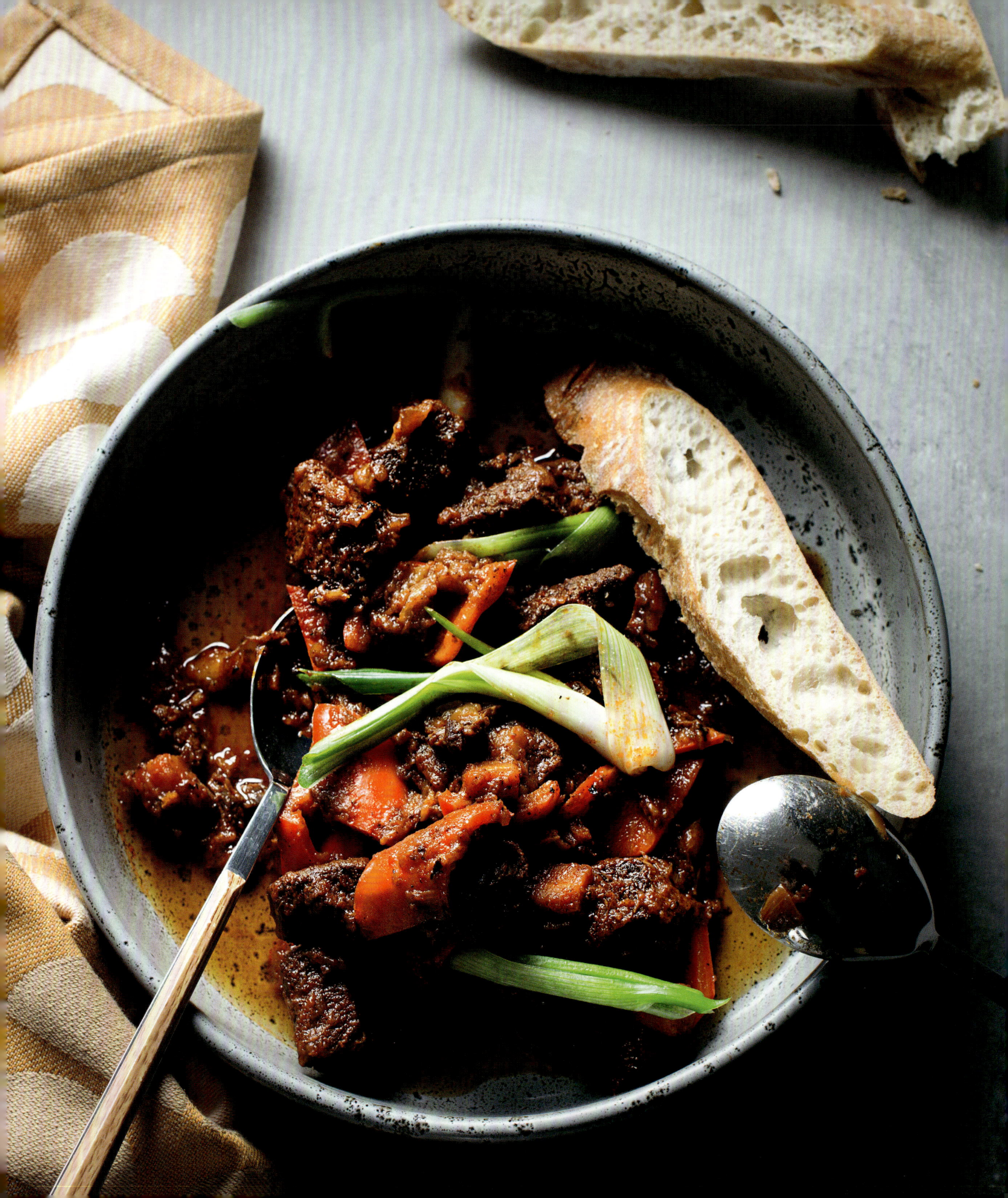

BEEF STEW

Für 4–6 Portionen

5 Zwiebeln
1,2 kg durchwachsenes Rindfleisch zum Schmoren (z. B. Nacken)
3 EL Pflanzenöl zum Braten
2 EL Tomatenmark
250 ml kräftiger Rotwein
1,2 l Wasser oder Brühe
3–5 rote Spitzpaprika
2 Möhren
1 EL Paprikapulver edelsüß
3 EL Paprikapulver rosenscharf
1 kleine Knoblauchzehe
2 Zweige Majoran
abgeriebene Schale einer ½ Bio-Zitrone
1 Msp. gemahlener Kümmel
1 Msp. Cayennepfeffer
Salz, schwarzer Pfeffer

1 Die Zwiebeln schälen und in 1 cm große Würfel schneiden. Das Fleisch in etwa 5 cm große Stücke schneiden und das Öl in einem großen Topf erhitzen. Die Fleischstücke darin von jeder Seite 2 Minuten scharf anbraten. Dann die Zwiebeln zugeben und 3 Minuten mitbraten. Tomatenmark einrühren und bei mittlerer Hitze etwa 10 Minuten unter Rühren rösten. Dann mit Salz und Pfeffer würzen, mit einem Schuss Wein ablöschen und etwa 2 Minuten einkochen lassen. Den restlichen Wein zugießen und noch einmal 2 Minuten einkochen lassen. Brühe oder Wasser zugießen, das Gulasch aufkochen und abgedeckt bei schwacher Hitze 2 Stunden schmoren lassen.

2 Die Paprikaschoten waschen, halbieren, entkernen und weiße Samenwände entfernen. Die Hälften dann in 1 cm große Würfel schneiden. Die Möhren waschen, schälen und in Würfel von einem ½ Zentimeter schneiden. Möhren- und Paprikawürfel ins Gulasch rühren und alles noch etwa 1 Stunde weitergaren, bis das Fleisch weich ist.

3 Für die Würzmischung Paprikapulver edelsüß und rosenscharf mit einem Schuss kaltem Wasser verrühren. Den Knoblauch schälen und möglichst fein hacken. Majoran waschen, trocken schütteln und fein schneiden. Knoblauch, Majoran, Zitronenschale, Kümmel und Cayennepfeffer in die Paprikapaste rühren. Das Gulasch offen noch 10–15 Minuten sämig einkochen lassen. Gegen Ende der Garzeit die Würzmischung einrühren und mit Salz und Pfeffer abschmecken. Das Gulasch dann auf vorgewärmten Tellern servieren – am besten zusammen mit Salzkartoffeln, Reis, Nudeln oder Baguette.

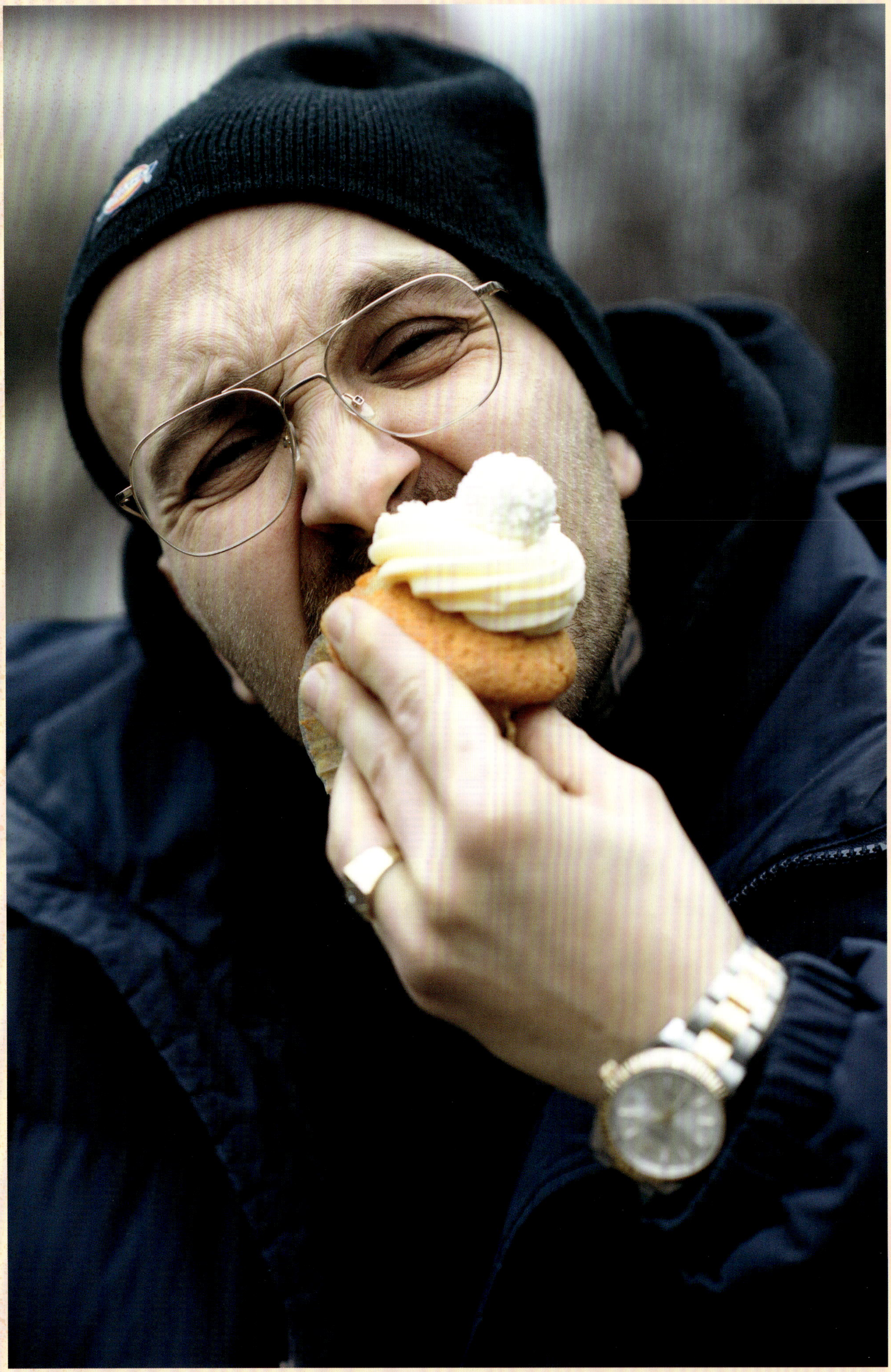

PLUS- MACHER

In seinen Songs erzählt der Exil-Berliner Plusmacher auf funky Beats, die an den Status quo des Hip-Hops der 90er-Jahre erinnern, davon, wie er seine Kunden mit klebrig-grünlichen Rauchwaren versorgt. Sich selbst versorgt er am liebsten mit Gemüse aus dem Reformhaus und mit gesunden Snacks für den Fressflash nach dem Kiffen.

„WENN ICH FRÜHER SELBER GEKOCHT HABE, GAB ES VIELLEICHT MAL EINEN NUDELAUFLAUF."

Der Hasselbachplatz ist ein exotischer Ort innerhalb Magdeburgs. Hier befinden sich Kneipen, multikulturelle Imbisse – und nachts ist regelmäßig die Polizei gefordert, weil es immer wieder knallt. Plusmacher fühlt sich wohl zwischen Exzess und Schattenwelt. Als einer der wenigen bekannten Rapper aus Magdeburg sammelt er im Schmelztiegel seiner Heimatstadt Erfahrungen, die er auf seinen mittlerweile vier Soloalben, die seit 2012 erschienen sind, verarbeitet. Sie tragen Namen wie »Kush Hunter« und »BWL – Bordsteinwirtschaftslehre«. Mittlerweile ist Plusmacher nach Berlin gezogen; nicht wegen der Bordsteinwirtschaft, sondern wegen der Musikkarriere. In Plusmachers Wohnung riecht es vor allem nach dem süßlichen Dampf, der aus verglimmenden Joints hervortritt. Denn seine Vorliebe für den sanften Knollen-Rausch ist eins der Hauptmotive seiner Musik. Auf sich langsam dahinschleppenden Beats, die merklich von der Hip-Hop-Schule der 90er beeinflusst sind, beschwört der selbst ernannte »Kush-Hunter« die Poesie des Kiffer-Alltags. Doch wer viel kifft, der wird auch immer wieder von Fressflashs übermannt. Plusmacher löst's gesund; immerhin ist er Amateurboxer. Softdrinks sind außerdem schon seit seiner Kindheit tabu, darum gibt es nur Wasser zu den selbst gemachten Kokosbällchen, die immer im Kühlschrank lagern. »Aber wenn ich früher selber gekocht habe, gab es vielleicht mal einen Nudelauflauf mit Tomaten«, sagt er. Die Erinnerungen an die Kindheit in Sachsen-Anhalt bleiben präsent.

Unser Gespräch fand im Fatoush statt.

Auch an das Essen, das es damals gab, denkt er gern zurück. Die Gerüche der Kuchen, die seine Mutter backte, schwirren ihm noch immer durch den Kopf: duftender Apfelkuchen, Bienenstich und Schaumkusstorte. Heute ist es wieder so: Plusmacher setzt vor allem auf Selbstgemachtes. Seine Zutaten kauft er lieber im Reformhaus als im Discounter um die Ecke, und Fleisch, das muss nun wirklich nicht jeden Tag in die Pfanne. Oft tun es schließlich auch Pancakes.

Essen ist Plusmacher wichtig, auch auf Tour. On the road vertraut er lieber auf frische Sandwiches mit Buletten und Salat von der Frau, die er am meisten mag, als auf labbriges Fast Food von der Raststätte. Selbst kreierte Sandwiches wird es in nächster Zeit öfter geben. Denn nach zwei Alben, die er über Xatars Label »Kopfticker Records« veröffentlicht hat, hat sich Plusmacher mittlerweile zu einer festen Deutschrap-Größe entwickelt. Zur Belohnung nach einer langen Studiosession gibt es dann schon mal einen Cupcake bei »Cupcake Berlin«.

RESTAURANT-TIPPS
HAFERKATER, *Berlin*
FATOUSH, *Berlin*
CUPCAKE BERLIN, *Berlin*

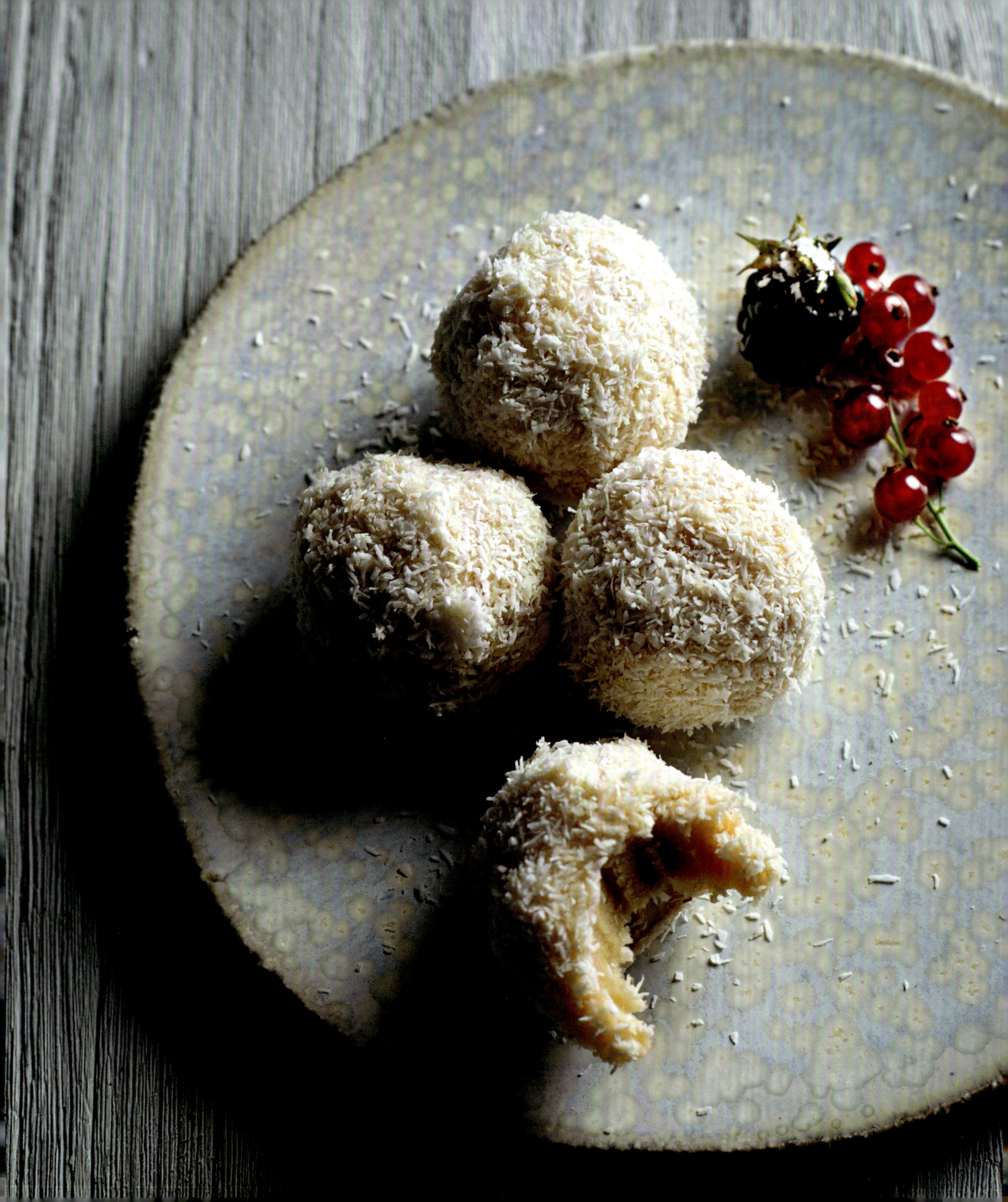

KOKOSPRALINEN

Für 10–20 kleine Pralinen

40 g gepuffter Amaranth
60 g helles oder dunkles Mandelmus
100 g Kokoscreme
30 g Agavensirup oder -dicksaft
Kokosraspel (nach Belieben)

1 Den gepufften Amaranth mit dem Mandelmus, der Kokoscreme und dem Agavensirup mit einer Gabel oder einem kleinen Messer in einer Schüssel zu einer einheitlichen Masse verrühren. Eventuell muss die Kokoscreme vorher in einem Wasserbad etwas erwärmt werden, damit die Masse mischbar wird.

2 Die verrührte Masse mit den Händen zu etwa 10 bis 20 kleinen Kugeln formen und in den Kokosraspeln wenden. Für mindestens 60 Minuten in den Kühlschrank stellen, damit die Kugeln fest werden.

TIPP
Mit hellem anstatt dunklem Mandelmus wird der Geschmack der Pralinen noch leichter und feiner.

PANCAKES

> **Für 8–10 Pancakes**

3 Eier
150 g Dinkelmehl
1 TL Backpulver
2 TL Kokosblütenzucker
150 ml Kokosmilch
3 TL Agavensirup oder -dicksaft
Butter oder Öl zum Ausbacken
ggf. Honig oder frische Erdbeeren
(nach Belieben)
1 Prise Salz

1 Für die Pancakes zunächst die Eier trennen. Eiweiß mit dem Salz steif schlagen und beiseitestellen. Dann das Eigelb, Dinkelmehl, Backpulver, den Kokosblütenzucker, die Kokosmilch sowie den Agavensirup zu einem glatten Teig verrühren. Das aufgeschlagene Eiweiß vorsichtig unterheben und die Masse etwa 15 Minuten ruhen lassen.

2 Eine Pfanne erhitzen und mit Fett auspinseln. Mit einem Eisportionierer nacheinander kleine Teigportionen in die heiße Pfanne geben und die Pancakes dann jeweils von beiden Seiten goldbraun ausbacken. Nach Wunsch mit Honig oder frischen Erdbeeren garnieren und servieren.

BULETTEN MIT SÜSSKARTOFFELN
UND BOHNEN

Für 4 Portionen

BULETTEN
1 altes Brötchen
Wasser oder Milch zum Einweichen
3 EL Olivenöl
1 Zwiebel, fein gehackt
600 g Rinderhackfleisch
3 Eier
1 Bund frische Petersilie, fein gehackt
etwas frischer Oregano
1 Knoblauchzehe, fein gehackt
1 TL Zimt
1 TL Piment
200 g Schafskäse (Feta)
Salz, frisch gemahlener schwarzer Pfeffer

BEILAGEN
400 g grüne Bohnen
4 Scheiben Bacon
1 rote Zwiebel
250 g Süßkartoffeln
2 EL Kokosöl
1 EL Olivenöl
Meersalz
frisch gemahlener schwarzer Pfeffer

1 Zuerst das Brötchen in ausreichend Wasser oder Milch einweichen. 1 EL Olivenöl in einer Pfanne erhitzen, die fein gehackte Zwiebel darin glasig anbraten und dann abkühlen lassen.

2 Das Brötchen gut ausdrücken und in kleine Stücke zerteilen. Hackfleisch, Eier, Brötchen und Petersilie in einer Schüssel vermischen. Oregano, Knoblauch, Zimt, Piment, Salz und Pfeffer sowie die abgekühlten Zwiebeln dazugeben und alles zu einem Fleischteig vermengen.

3 Aus dem Schafskäse 8 dünne »Frikadellen« und aus der Fleischmasse 16 gleich große dünne Frikadellen formen. Dann jeweils eine Schafskäsefrikadelle auf eine der Fleischfrikadellen legen und mit einer zweiten Fleischfrikadelle bedecken. Die Ränder zusammendrücken, sodass eine mit Schafskäse gefüllte Bulette entsteht. Das restliche Olivenöl in einer Pfanne erhitzen und die Buletten auf jeder Seite ca. 2–3 Minuten braten.

4 Für die Beilagen die grünen Bohnen auftauen lassen und den Bacon sowie die Zwiebel in Streifen schneiden. Die Süßkartoffeln schälen und in 1 cm große Würfel schneiden; dann langsam in einer Pfanne mit Kokosöl goldbraun braten und mit Meersalz und frisch gemahlenem Pfeffer würzen. Die Bohnen in einem Topf oder einer Pfanne mit Olivenöl anschwitzen. Nach ca. 3–4 Minuten die Speck- und die Zwiebelstreifen hinzugeben und noch ca. 3 Minuten mitbraten.

5 Alles auf einem vorgewärmten Teller anrichten und sofort servieren.

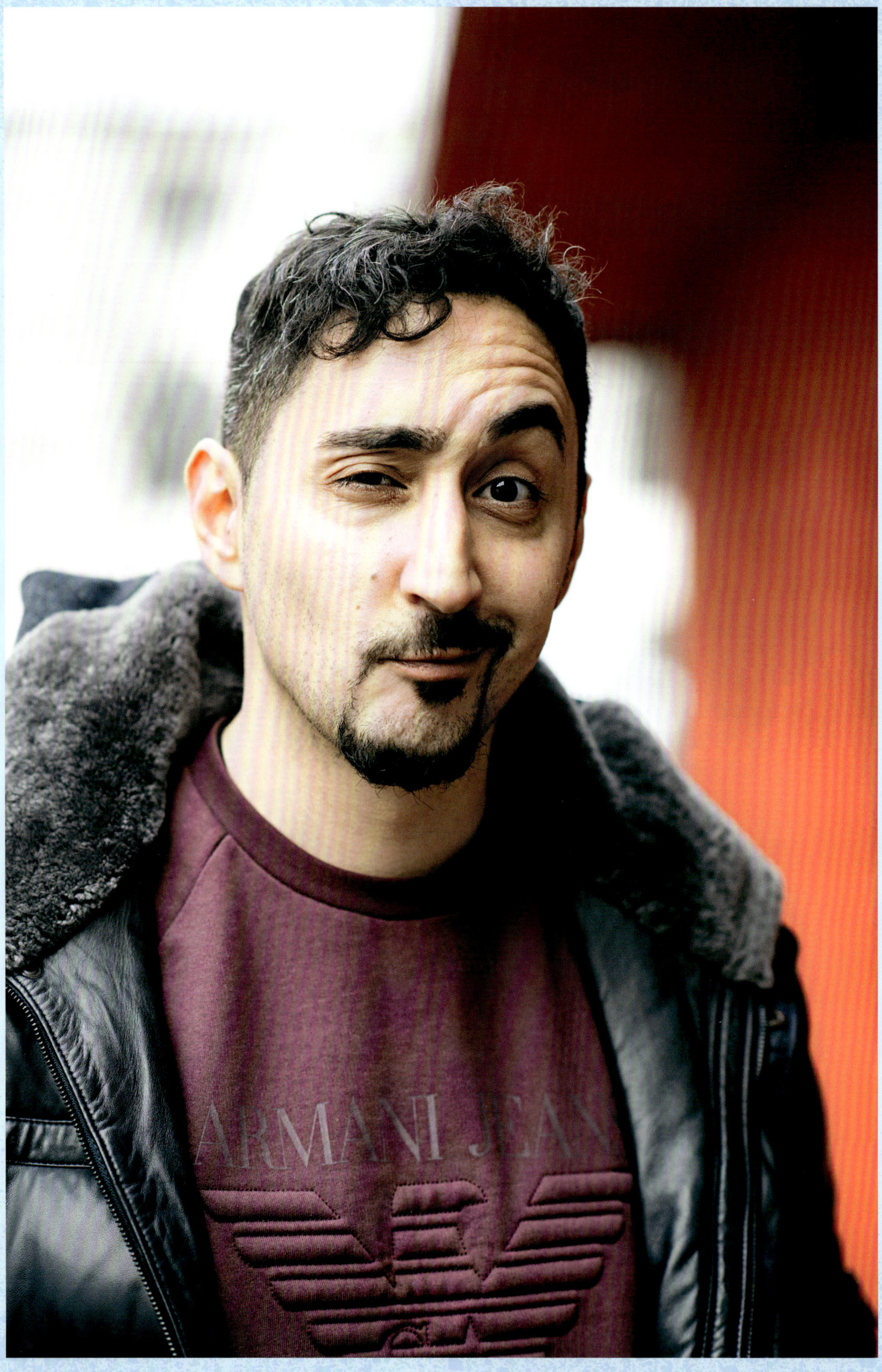
ARMANI JEAN

EKO FRESH

Seine Songs prägen den Deutschrap bis heute: Eko Fresh war »Ghettochef« und selbst ernannter »König von Deutschland«. Heute ist er Rapper, Schauspieler und Vater, springt in Fernsehshows herum und hilft zusammen mit Jan Böhmermann auch mal im Kölner Kebapland aus. Von allem etwas also. Nur ein guter Koch ist Eko nicht. Aber er weiß sich zu helfen.

„AN GROSSEN FILMSETS IST DAS ESSEN BESSER ALS AUF TOUR.

Unser Gespräch fand im Kebabland statt.

Eko Fresh kommt eine Stunde zu spät ins Kebapland in Köln. Zum einen, weil er jetzt einen Sohn hat, um den er sich kümmern muss, zum anderen, weil er in ein Dorf gezogen ist, das ein ganzes Stück von der Großstadt entfernt liegt. Außerdem ist Eko Fresh ein vielbeschäftigter Mann. Er hat in Filmen wie »3 Türken und ein Baby« mitgespielt und in der Serie »Blockbustaz« vom ZDF sogar eine Hauptrolle ergattert. Zwischendurch veröffentlicht er außerdem noch immer Rapalben oder 20-minütige Solotracks. Eko scheinen die Reime nie auszugehen; sie sind sein Kapital und die Grundlage seiner Karriere.

2003 wurde er von Kool Savas entdeckt, landete mit ihm denkwürdige Hits wie »Bitte Spitte«, die noch immer auf Partys und in WG-Zimmern laufen. Dann zerstritt sich Eko mit seinem Mentor. Es folgte der berühmteste Beef der Deutschrap-Geschichte. Savas veröffentlichte seinen Song »Das Urteil« gegen Eko, Eko hielt mit »Die Abrechnung« dagegen. Noch heute diskutieren viele darüber, wer letztlich gewonnen hat. Die Antwort: wahrscheinlich beide. Eko sieht das alles mittlerweile locker. Battles haben schon lange keine Priorität mehr für ihn. Spätestens seit er Bushidos Label »Ersguterjunge« nach nur einem Album wieder verließ (»Ekaveli«, Ekos bisher bestes Release), dürfte das jedem klar sein.

Heute geht's von Drehterminen ins Fernsehstudio und dann ins Aufnahmestudio. Morgens bleibt so maximal Zeit für Rührei mit Sucuk. »Ich kann nicht so gut kochen, aber ich weiß mir zu helfen«, sagt Eko. »Momentan wird aber alles auf das Kind abgestimmt. Da bleibt wenig Zeit zum Kochen und Essengehen.« Im Dorf gäbe es ohnehin nicht viel zu holen, dafür aber in Köln, wo Eko jahrelang im Bezirk Kalk lebte. Einmal, 2009, als das Geld knapp war, machte er beim Perfekten Promi Dinner mit. Eko muss lachen, als er sich an die Situation erinnert: »Meine Wohnung war so klein, dass das Catering für die Crew im Hausflur aufgebaut werden musste. Dann wurde gedreht, und in der Zwischenzeit haben irgendwelche Leute das Buffet geklaut.« Diese Zeiten sind längst vorbei. An großen Filmsets sei das Essen besser, sagt Eko. Oder bei Jan Böhmermann. Für dessen Sendung »Neo Magazin Royale« halfen die beiden zusammen im Kebapland aus. Jan Böhmermann hat sich nicht sonderlich gut angestellt, und Eko hat das Küchenbattle klar für sich entschieden. Er weiß sich zu helfen, und er weiß sich zu behaupten – und das bei so ziemlich jedem Battle.

RESTAURANT-TIPPS
HASIR OCAKBASI, *Berlin*
KILIM, *Köln*
KEBAPLAND, *Köln*

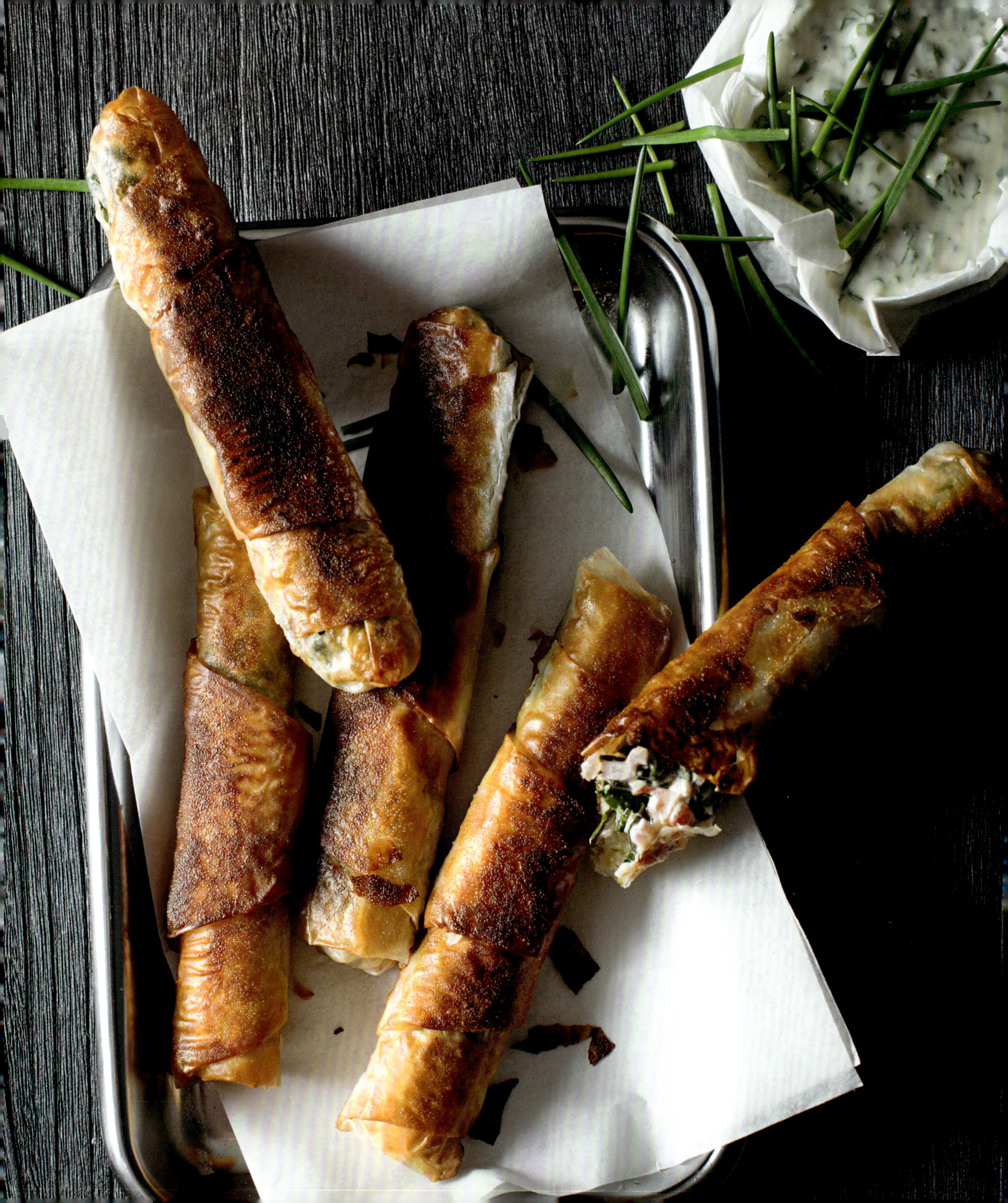

SIGARA BÖREK

Für 15–20 Börek

BÖREK

1 Knoblauchzehe, gehackt
1 rote Zwiebel, gewürfelt
Öl zum Braten
500 g Spinat, frisch oder tiefgefroren
Kreuzkümmel (oder Cumin; nach Belieben)
Chiliflocken (nach Belieben)
Sumak (türkisches Gewürz; nach Belieben)
1 Pck. Yufka-Teig
Salz

JOGHURTDIP

250 g Joghurt
1 Knoblauchzehe
2 EL gehackte Petersilie
Salz, Pfeffer

1 Den Knoblauch und die Zwiebel kurz in etwas Öl in einer Pfanne anschwitzen und den Spinat dazugeben. Wenn der frische Spinat zusammengefallen bzw. der gefrorene Spinat aufgetaut ist, kurz weiterbraten und alle Gewürze bis auf das Sumak nach Geschmack hinzufügen.

2 Die Pfanne vom Herd nehmen und die Masse mit Sumak würzen. Die Yufka-Blätter diagonal in etwa 30 cm große Stücke halbieren, sodass Dreiecke entstehen. Dann jeweils zwei Dreiecke leicht anfeuchten und übereinanderlegen. Die Spinatmasse als Streifen auf den breiten Teil des Teigdreiecks legen, die Ecken einschlagen und fest einrollen.

3 Öl in eine tiefe Pfanne füllen, bis der Boden 1 knappen Zentimeter bedeckt ist. Das Öl erhitzen, die Sigara Börek vorsichtig darin ausbacken und anschließend auf Küchenpapier abtropfen lassen.

4 Für den Joghurtdip dann alle Zutaten vermischen und ihn zusammen mit den Sigara Börek servieren.

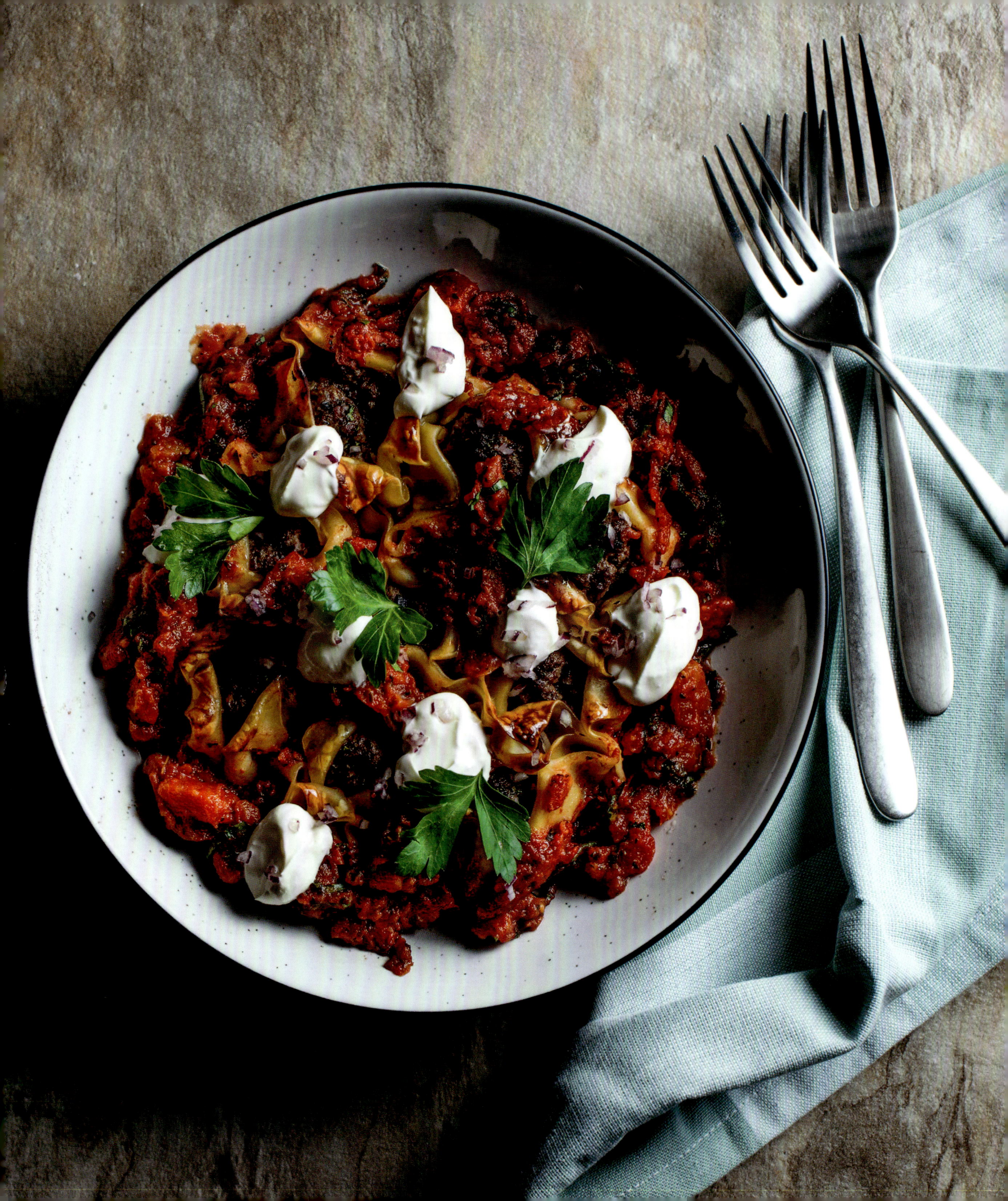

MANTI
MIT JOGHURTSAUCE

Für 4 Portionen

TEIG
500 g Mehl
2 Eier
175 ml Wasser
1 TL Salz

FÜLLUNG
2 Zwiebeln
200 g Rinderhackfleisch
eine Handvoll Petersilie
½ TL getrocknete Minze
½ TL Kreuzkümmel
½ TL Paprikapulver edelsüß
½ TL Salz, ½ TL Pfeffer

SAUCE
700 g türkischer Naturjoghurt
4 Knoblauchzehen
½ TL Salz

1 Zuerst das Mehl in eine Schüssel sieben. Salz, Eier und Wasser hinzugeben und alles zu einem festen Teig verkneten. Diesen anschließend abgedeckt 30 Minuten ruhen lassen.

2 Während der Teig ruht, die Füllung zubereiten: Zwiebeln abziehen und in feine Würfel schneiden, dann zusammen mit dem Hackfleisch, einer Handvoll gehackter Petersilie und den Gewürzen in eine Schüssel geben und gut vermischen.

3 Arbeitsfläche bemehlen, den Teig hauchdünn ausrollen und ihn dann in ca. 3 cm große Quadrate schneiden. Auf jedes der Quadrate etwa ½ TL der Füllung geben. Die gegenüberliegenden Spitzen der Quadrate dann über der Füllung zusammennehmen und die Ränder so zusammendrücken, dass Dreiecke entstehen.

4 Joghurt, gepresste Knoblauchzehen und Salz zu einer Sauce verrühren. Einen großen Topf voll Salzwasser aufkochen und die Teigtaschen darin etwa 5 Minuten köcheln lassen. Abgießen, die Manti auf Tellern anrichten, mit Sauce garnieren und servieren.

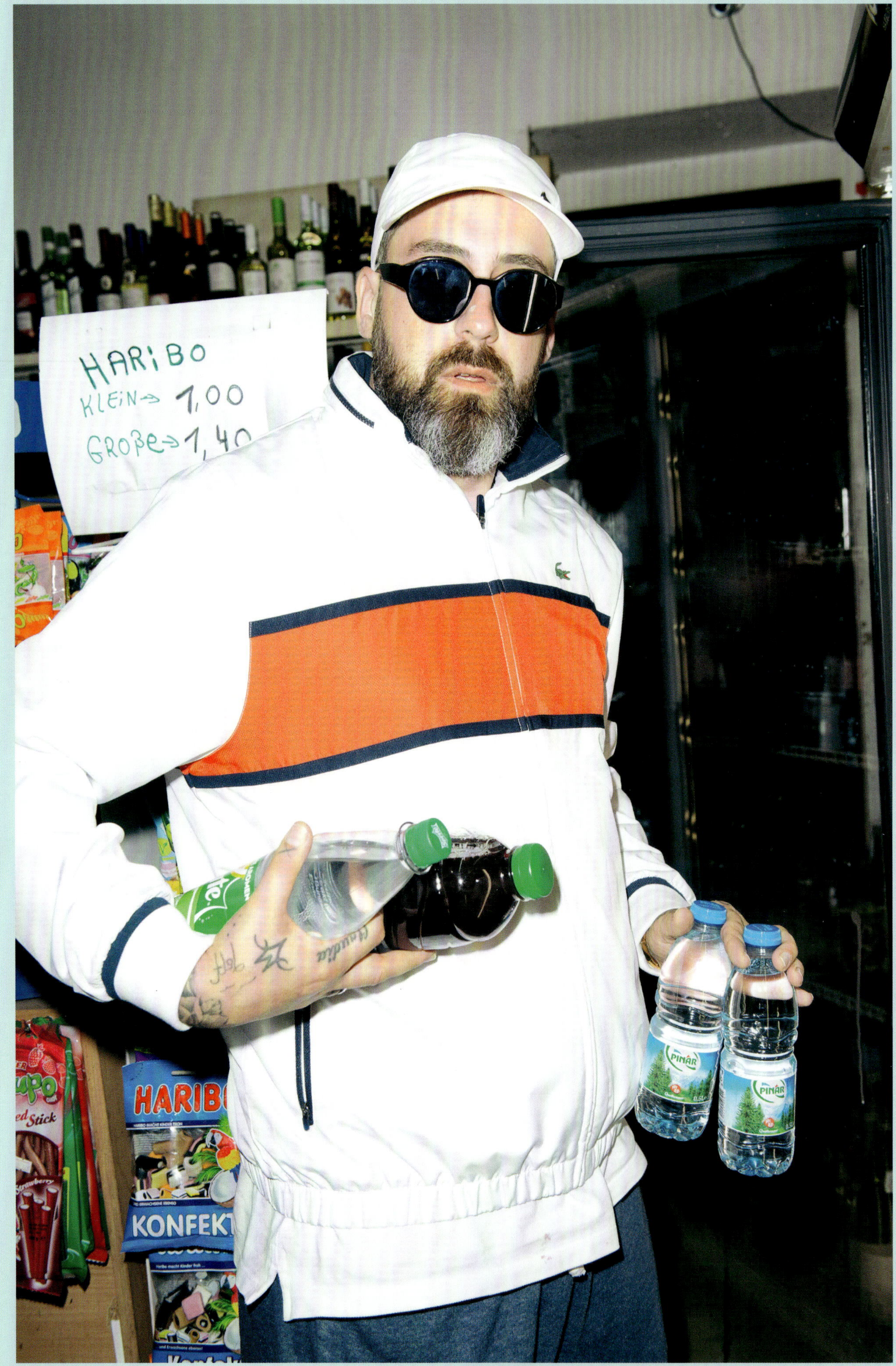
HARiBO
KLEiN→ 1,00
GROßE→ 1,40

SIDO

Sido war der Maskenrapper, der Pöbler der Nation und das Gesicht von »Aggro Berlin«. Dann ist er ruhiger geworden. Auch beim Essen hat Sido eine Verwandlung hingelegt. Neben der Musik betreut er heute eine Wodka-Marke und unterstützt eine Firma, die frisches Essen direkt vom Bauernhof liefert. Außerdem macht Sido die allerbesten Rouladen – und erinnert sich eher ans Essen als ans Hochzeitsoutfit seiner Frau.

Das Studio des Produzenten DJ Desue ist eine Baustelle, als wir ihn dort besuchen, um mit Sido zu sprechen. Der ist noch nicht da, aber sein langjähriger Freund und Produzent führt uns durch die unzähligen Räume, in denen Musik aufgenommen werden kann. In einem Raum türmen sich eindrucksvoll Tausende Platten. Dann betritt Sido mit etwas Verspätung die Studioetage, baut sich erst mal einen Joint und sagt entschuldigend: »Ich war noch einen Döner essen, mein Frühstück.«

Unser Gespräch fand im Studio von DJ Desue statt.

> # „ICH HABE IN DAS FLADENBROT GEBISSEN UND FAST GEWEINT, SO GEIL WAR DAS.

Auf seinem Shirt ist ein roter Saucenfleck zu erahnen.

Sido ist in der ehemaligen DDR aufgewachsen, genauer in Ost-Berlin. Döner gab es dort nicht. Doch kurz vor der Wende siedelte er zusammen mit seiner Mutter in den Westteil der Stadt über und lebte zeitweise in einem Asylbewerberheim, in dem zufälligerweise auch seine Tante und ein Cousin einquartiert waren. Sido erinnert sich: »Einmal kam er zu mir und meinte, dass wir jetzt Döner essen gehen. Ich wusste gar nicht, was das ist.« Was dann in einem Döner-Imbiss auf der Berliner Kantstraße passierte, war ein Erweckungserlebnis für Sido. »Ich kann mich noch heute an den Geruch erinnern«, sagt er. »Dann habe ich in dieses Fladenbrot gebissen und fast geweint, so geil war das. Das war das Krasseste, was ich in meinem damals neunjährigen Leben jemals gegessen hatte.« Noch heute hängt Sido deswegen an Berliner Fast Food. Zum Frühstück gibt's auch mal eine Currywurst. Oder eben Döner.

Als Sido Ende der 90er-Jahre damit beginnt, Musik zu machen, ist das Geld oft selbst

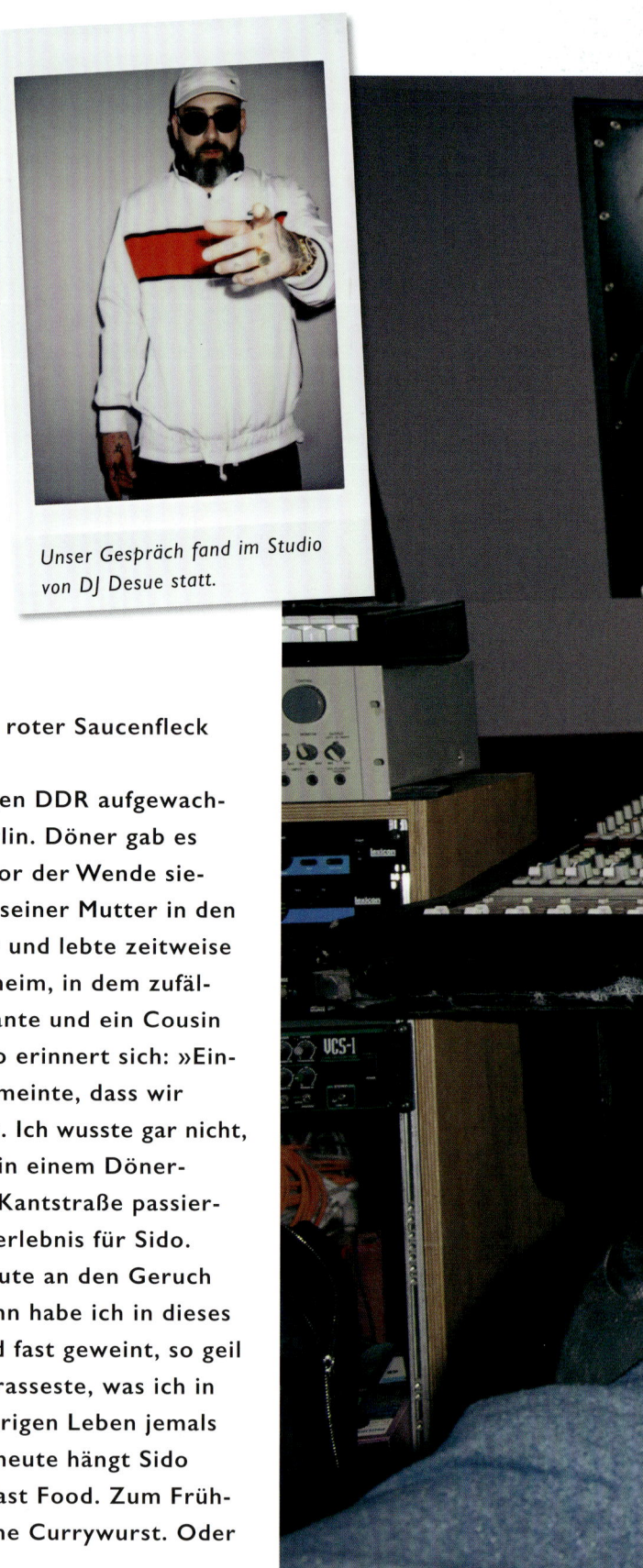

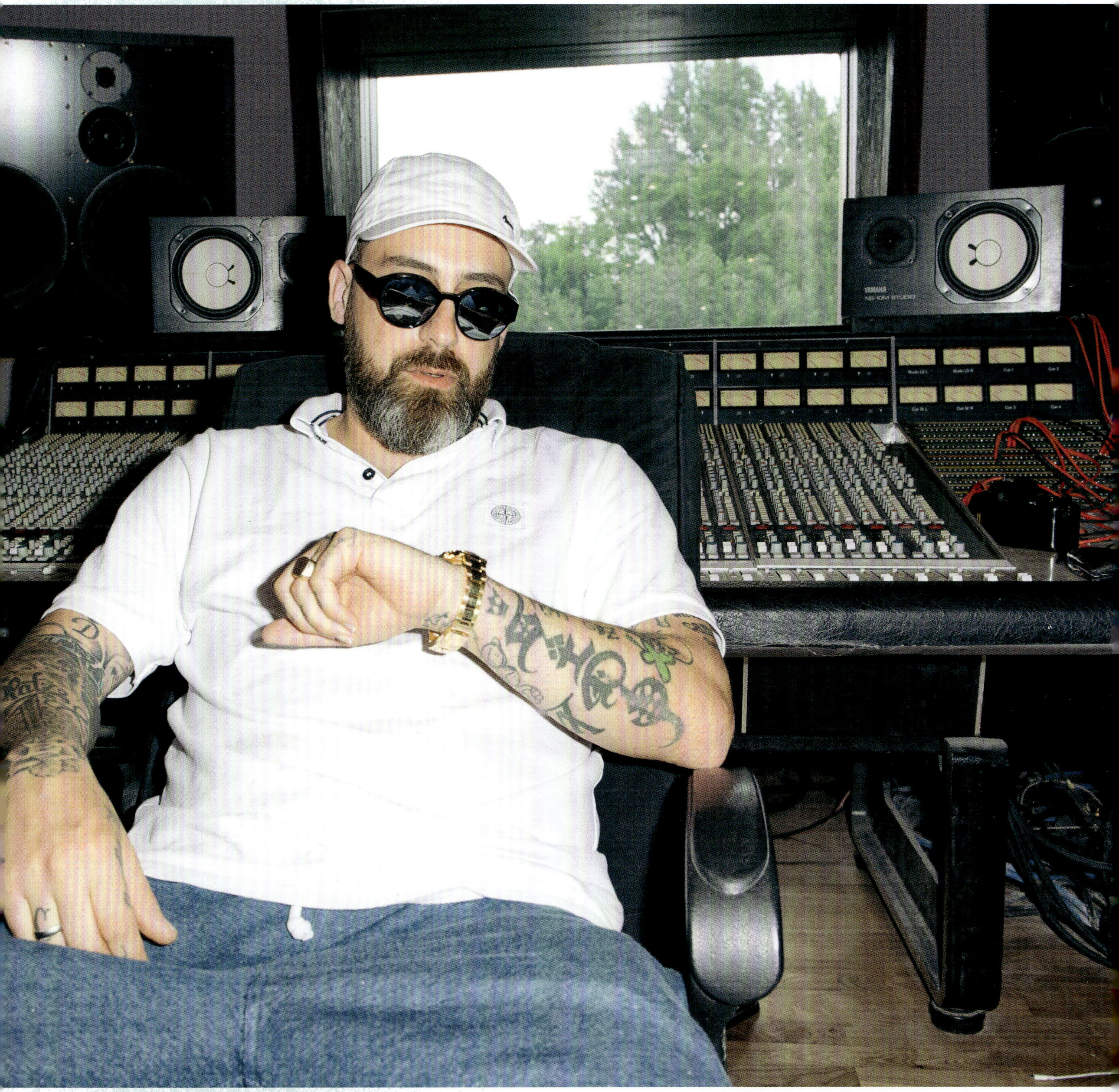
YAMAHA
NS-10M STUDIO

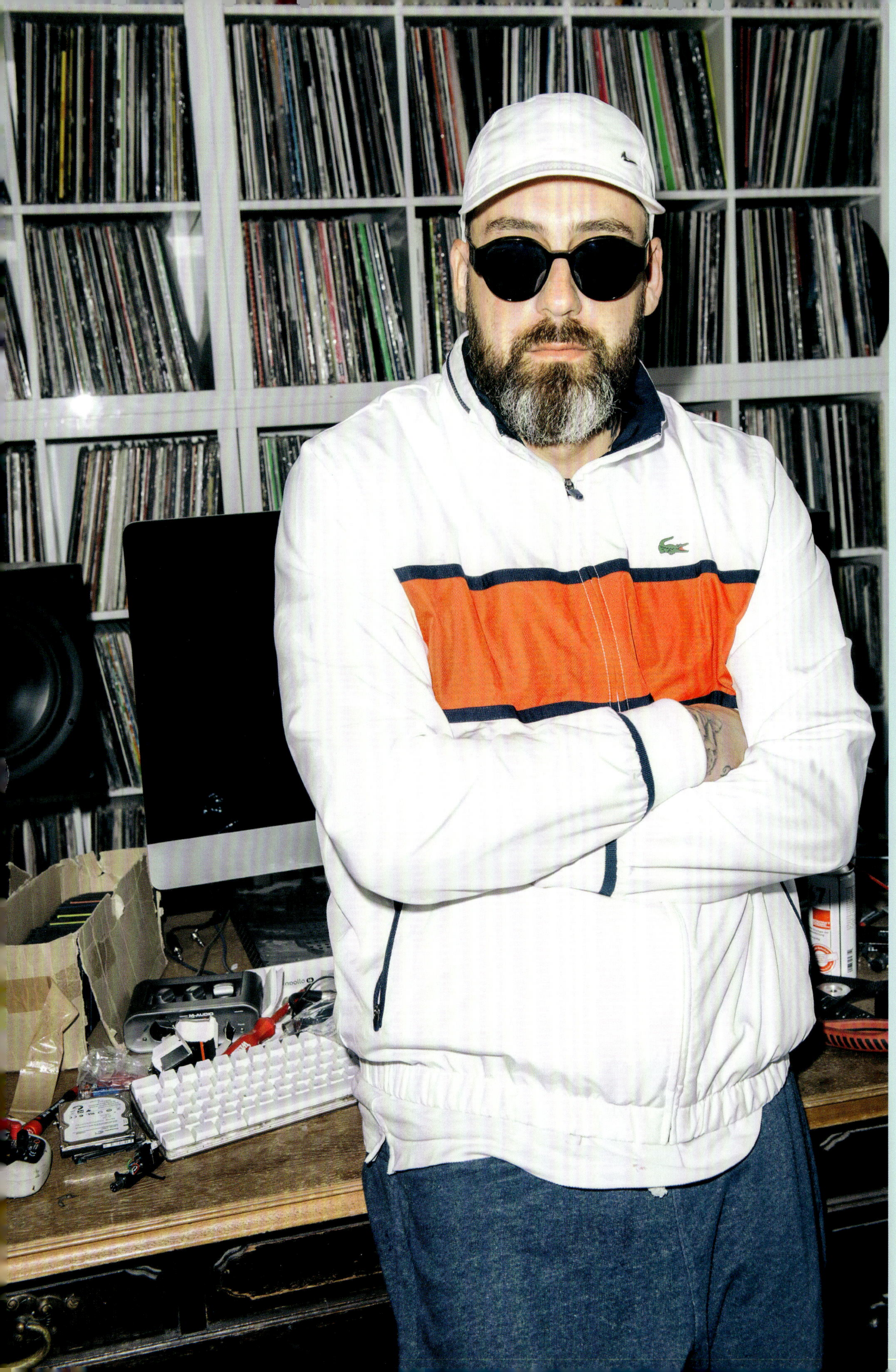

für Fast Food zu knapp. Aggro Berlin existiert zu diesem Zeitpunkt noch nicht, Sido und sein Kumpel B-Tight veröffentlichen Kassetten unter dem Namen »Royal TS« und wohnen zusammen in einer verranzten Einzimmerwohnung. Das »Mobiliar«: eine Bong, eine völlig verdreckte Fritteuse – und unzählige Freunde, die ebenfalls Musik machen oder einfach nur rumhängen und kiffen wollen. Sido sagt rückblickend: »Wir sind satt geworden, aber gut ernährt haben wir uns nicht.« Wenn überhaupt etwas zu essen da war, dann gab es gerne mal Pommes aus der Fritteuse – auch wenn das Fett über ein Jahr nicht gewechselt worden war und darum schon schwarz gewesen sei. Ansonsten servierten Sido und B-Tight Nudeln mit Bratensauce. Hauptsache kohlenhydratreich, war die Devise. Wenn Sido heute, im Studio von DJ Desue, mit einem Gewinnerlächeln von seinen erfolgreichen Unternehmen, seiner Karriere, seinem Tourkoch und von seiner Affinität zu Sterne-Restaurants erzählt, dann ist sein abgemagertes Ich von früher ganz weit weg. Nur in seiner Musik ist die Wut von damals noch manchmal herauszuhören.

»Schuld« an Sidos heutigem Erfolg ist vor allem das Label »Aggro Berlin«. Die Macher statteten ihn mit einer Maske aus und veröffentlichten unzählige Erfolgsalben ihres Schützlings. Als Aggro Berlin dann irgendwann dicht machte, war Sido längst einer der wichtigsten Straßenrapper Deutschlands, der in seinen Texten immer auch ein Augenzwinkern verpackt. Sidos Musik funktioniert über die Pointen, Sidos Erzählungen funktionieren auch so.

Nach dem ersten Erfolg, so sagt er, habe er seine Liebe fürs Essen entdeckt und erst mal 15 Kilo zugenommen. »Ich bin so fett geworden, dass die Maske kaum noch auf mein Gesicht gepasst hat.« Dann begann er, mehr essen zu gehen und Interesse fürs Kochen zu entwickeln. »Ich selber mache gerne Rouladen, auch mal auf Tour fürs ganze Team oder für meine Familie«, sagt er. DJ Desue, der neben uns sitzt, bestätigt, dass Sido der Meister der Rouladen sei. Irgendwann, wenn er zu alt zum Rappen ist, da wolle er ein Restaurant eröffnen, sagt Sido. Nur seine Rezepte soll es da geben, alles deutsche Hausmannskost, und er sitzt dann, den ganzen Tag, Zeitung lesend an seinem Stammtisch und begrüßt die Gäste.

Mit den Jahren ist aus Sido ein richtiger Gourmet geworden. Frisches Essen ist ihm wichtig; gutes Obst und Gemüse stehen in seiner Küche an erster Stelle. Er ist sogar am Lieferservice »Easy Meal« beteiligt, der ausschließlich frische Zutaten vom Bauernhof liefert. Mittlerweile erinnert sich Sido sogar primär anhand von Essen an wichtige Ereignisse. »Ich weiß noch, was wir am Tag vor unserer Hochzeit gegessen haben, kann mich aber nicht mehr daran erinnern, was meine Frau anhatte«, sagt er grinsend und zählt hintereinander die Mahlzeiten auf, die er, seine Frau und seine Mutter damals gegessen haben. Ob er sich auch an unser Interview in einigen Jahren noch erinnern kann? Immerhin gab es Döner …

RESTAURANT-TIPPS
PIA, *Berlin*
GYU KAKU, *New York, USA*
893 RYŌTEI, *Berlin*
NOBU, *Los Angeles, USA*
BEEF CLUB BY HASIR, *Berlin*
CHINA CITY, *Berlin*

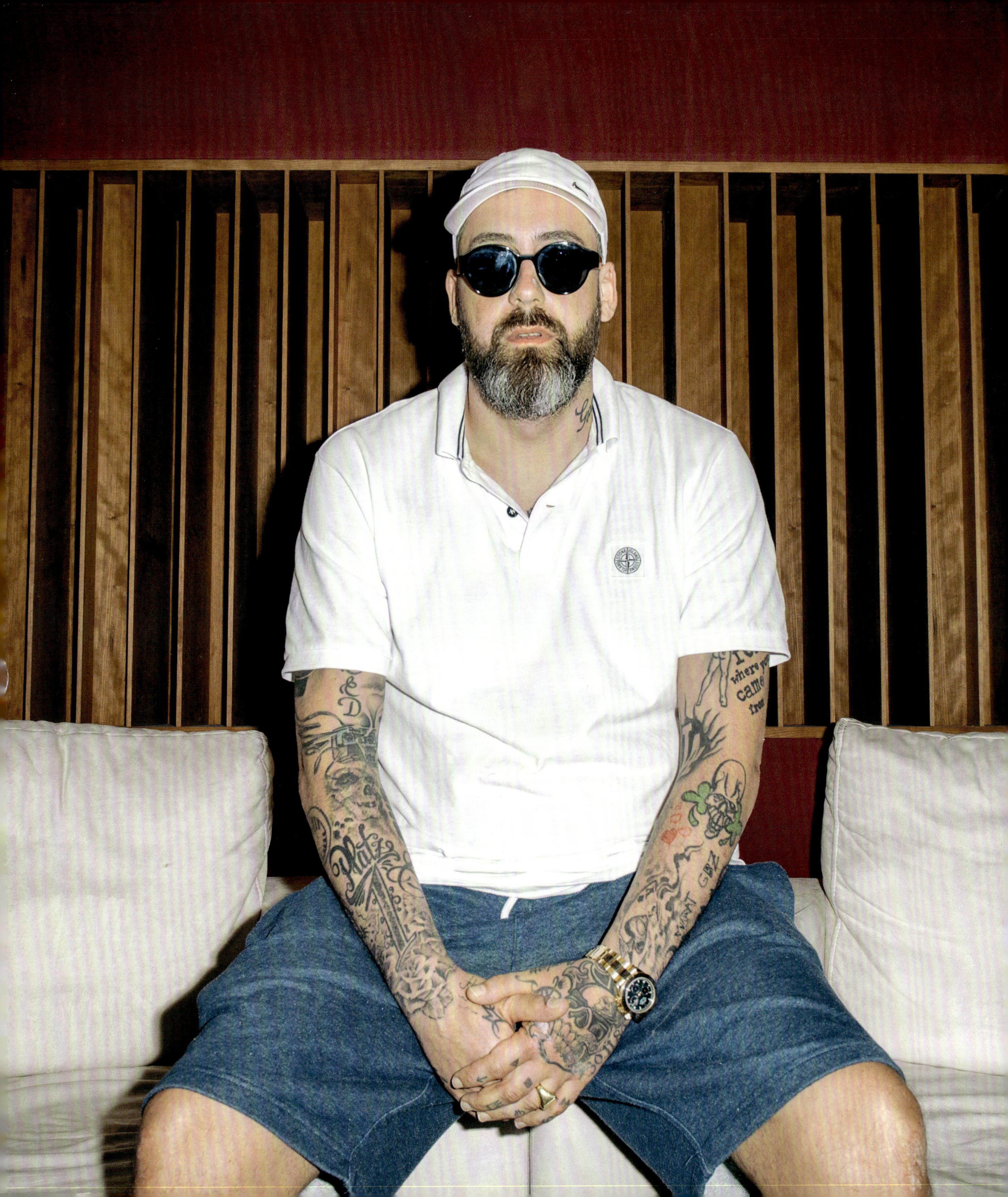

GEBEIZTER LACHS

Für eine ganze Seite Lachs

1 Seite Lachs ohne Gräten (ca. 3 kg)
300 g Salz
150 g Zucker
1 Bund Dill
1 Zitrone
1 Orange
frischer Toast
Meerrettich oder Honig-Senf-Sauce (nach Belieben)

1 Den Lachs auf der Hautseite in ein ausreichend großes Gefäß legen, in dem er flach liegen kann. Salz und Zucker mischen, den Dill fein hacken und zur Salz-Zucker-Mischung (Beize) geben. Den Fisch vollständig mit der Trockenbeize bedecken. Dann die Zitrone und die Orange in Scheiben schneiden, oben auf die Beize legen und alles für mindestens 48 Stunden kühl stellen.

2 Nach maximal 72 Stunden die Beize unter kaltem Wasser abspülen und den Lachs trocken tupfen. Den Fisch in feine Scheiben schneiden und auf frischem Toast mit etwas Meerrettich oder einer Honig-Senf-Sauce servieren.

ROULADEN
MIT SERRANO-SCHINKEN

Für 4 Portionen

ROULADEN
4 eingelegte Knoblauchgurken
2 Zwiebeln
4 Rouladen (je ca. 250–300 g)
4 TL süßer Senf
8 Scheiben Serrano-Schinken
Salz, Pfeffer

SAUCE
100 g Möhren
100 g Knollensellerie
80 g Lauch
100 g Zwiebeln
5 EL Öl
2 Lorbeerblätter
1 Zweig Thymian
1 EL Tomatenmark
250 ml Rotwein
Salz, Pfeffer

1 Für die Rouladen die Knoblauchgurken längs vierteln. Zwiebeln schälen, halbieren und in dünne Streifen schneiden. Das Fleisch flach klopfen, wenn die Scheiben dicker als ½ cm sind. Fleischscheiben nebeneinanderlegen, salzen, pfeffern, mit süßem Senf bestreichen und mit je 2 Scheiben Serrano-Schinken belegen. Die Knoblauchgurken auf dem breiten Ende der Rouladen verteilen; die Rouladen dann mit den Zwiebelstreifen belegen, die Längsseiten darüberklappen und die Rouladen vom breiten Ende aus aufrollen. Das Fleisch wenn möglich mit Rouladennadeln feststecken.

2 Für die Sauce Möhren und Sellerie schälen und in ca. 1 cm große Würfel schneiden. Den Lauch putzen und genau wie die Zwiebeln in ca. 1 cm große Würfel schneiden.

3 Die Rouladen von allen Seiten mit Salz und Pfeffer würzen. 3 EL Öl in einem Bräter erhitzen und die Rouladen darin rundum anbraten. Das restliche Öl im Bräter erhitzen und das Gemüse darin anrösten. Lorbeerblätter, Thymian und Tomatenmark dazugeben und ca. 5 Minuten mitrösten. Mit Rotwein ablöschen und kurz einkochen lassen.

4 Die Rouladen in den Saucenansatz geben, mit Wasser aufgießen und im vorgeheizten Ofen bei 160 °C auf der untersten Schiene 90 Minuten zugedeckt garen. Ab und zu wenden.

5 Die Rouladen nach Ablauf der Garzeit herausnehmen und die Sauce durch ein Sieb in einen Topf streichen. Die Sauce zur Hälfte einkochen und mit Salz und Pfeffer abschmecken. Die Rouladen zum Schluss noch einmal 8–10 Minuten bei milder Hitze in der Sauce ziehen lassen. Am besten mit Kartoffeln und Rotkohl servieren.

OSTLERNUDELN

Für 4 Portionen

600–700 g Spirelli-Nudeln
50 g Margarine
100 g Mehl
1 Glas Gewürzgurken (ca. 200 g)
500 ml Werder Ketchup
Salz

1 Die Spirelli-Nudeln in reichlich Salzwasser etwas zu weich kochen, abgießen und mit kaltem Wasser abschrecken. Die Margarine in einer Pfanne erhitzen und das Mehl unter ständigem Rühren dazugeben. Wenn Margarine und Mehl zu einer Masse ohne Klumpen geworden sind, die Mehlschwitze mit dem Gurkenwasser ablöschen, kurz aufkochen lassen und den Ketchup dazugeben.

2 Die Gewürzgurken in kleine Würfel schneiden. Zum Schluss die Nudeln noch einmal in der Sauce erwärmen, auf einem tiefen Teller anrichten, mit den Gewürzgurkenwürfeln bestreuen und servieren.

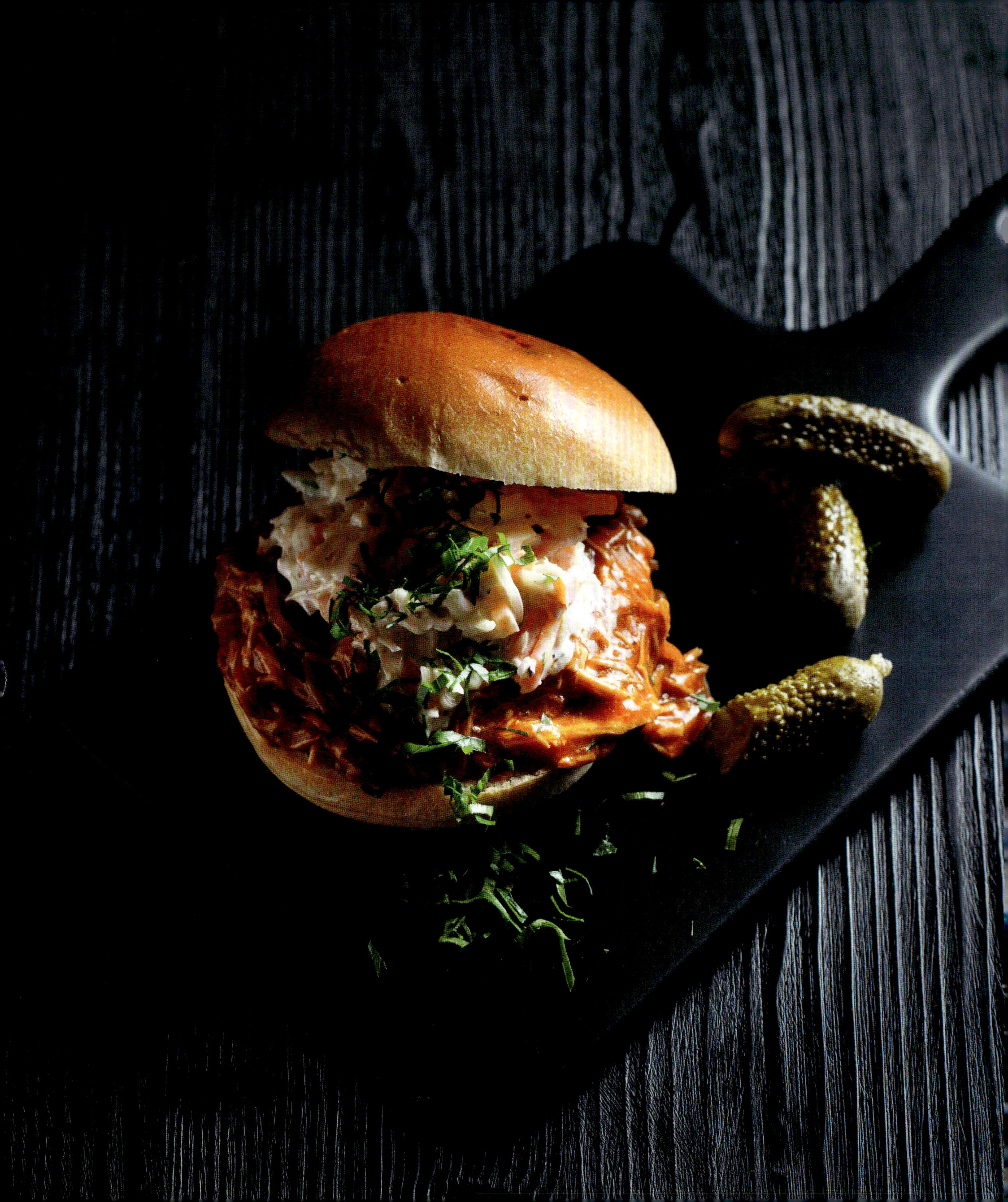

PULLED PORK BURGER

Für ca. 10 Portionen

TROCKENRUB (WÜRZMISCHUNG)

3 EL Salz
3 EL brauner Zucker
2 EL Kreuzkümmel
2 EL gemahlene Koriandersamen
2 EL Rosmarin
2 EL geräucherte Paprika
1 EL Senfkörner
1 EL Knoblauchpulver
1 EL Cayennepfeffer

BURGER

2–2 ½ kg Schweinenacken oder -schulter
2–4 EL Senf
BBQ-Sauce (nach Belieben)
Krautsalat (nach Belieben)
10 runde Weizenbrötchen

1 Zunächst alle Zutaten für das Trockenrub in einer beschichteten Pfanne bei mittlerer Hitze ca. 2 Minuten unter ständigem Rühren anrösten. Die Gewürze dann in einem Mörser zu einem Pulver verarbeiten.

2 Das Fleisch gründlich von allen Seiten mit Senf einstreichen und dann überall dick mit dem Rub bedecken. Der Senf dient als Kleber, damit die Gewürze gut haften bleiben. Das Fleisch mit dem Rub in Klarsichtfolie wickeln und über Nacht in den Kühlschrank stellen.

3 1–2 Stunden vor der Zubereitung aus dem Kühlschrank nehmen und den Backofen oder Smoker auf 100–110 °C erhitzen. Den Schweinenacken aus der Folie wickeln, auf einen Gitterrost legen und in den Ofen schieben. Eine breite Schale oder ein tiefes Blech mit etwas Wasser füllen und unter den Braten stellen, damit der Fleischsaft hineintropfen kann. Das Fleisch zunächst 3–4 Stunden in Ruhe garen lassen, dann stündlich mit dem Sud aus dem Backblech bepinseln. Wer mag, kann zum Sud noch etwas Fruchtsaft geben.

4 Das Pulled Pork ist perfekt, wenn die Kerntemperatur nach etwa 10 Stunden 90–95 Grad erreicht hat. Das Fleisch dann aus dem Ofen nehmen, in Alufolie wickeln und mindestens 30 Minuten ruhen lassen. Den Braten danach in einen Bräter legen, mit Händen oder Gabeln auseinanderziehen und in Stücke zupfen. Die Krustenstücke mit den anderen Fleischstücken leicht vermengen und ganz nach Geschmack noch mit etwas BBQ-Sauce verfeinern. Zum Schluss das Pulled Pork mit Krautsalat in ein rundes Weizenbrötchen geben und direkt servieren.

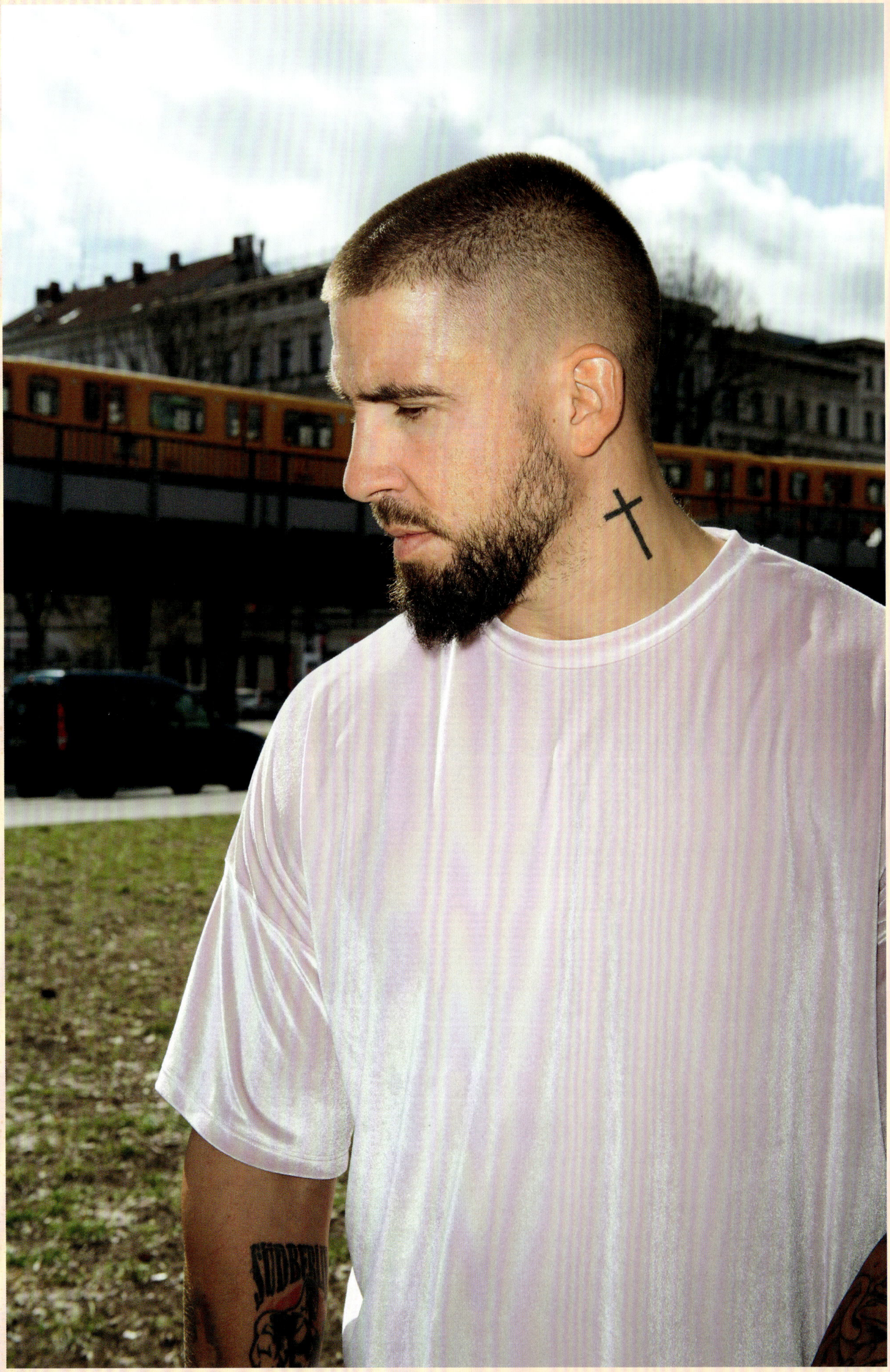

SILLA

Silla steht für harten Rap aus Südberlin. Seine ersten Tracks nahm er in einem zum Tonstudio umfunktionierten ehemaligen Bordell auf; abends ging es oft zum kroatischen Restaurant nebenan. In dieser Zeit entwickelte sich sein Alkoholkonsum zur Sucht. Einmal, da musste Silla sogar wiederbelebt werden. Heute trinkt er nicht mehr: Er ernährt sich gesund, macht sechsmal die Woche Sport und kreiert gesunde Pizzen für Fitnessbegeisterte.

„ICH BIN WIE EINE DATENBANK UND HABE ALLE NÄHRWERTE IM KOPF.

SILLA

Silla steht für harten Rap aus Südberlin. Seine ersten Tracks nahm er in einem zum Tonstudio umfunktionierten ehemaligen Bordell auf; abends ging es oft zum kroatischen Restaurant nebenan. In dieser Zeit entwickelte sich sein Alkoholkonsum zur Sucht. Einmal, da musste Silla sogar wiederbelebt werden. Heute trinkt er nicht mehr: Er ernährt sich gesund, macht sechsmal die Woche Sport und kreiert gesunde Pizzen für Fitnessbegeisterte.

„ICH BIN WIE EINE DATENBANK UND HABE ALLE NÄHRWERTE IM KOPF.

RESTAURANT-TIPPS
BEI RADI, *Berlin*
GELATERIA CRISTALLO, *Bardolino, Italien*
AUSTRIA, *Berlin*
SUSHI MIYABI, *Berlin*
HÜHNERHAUS, *Berlin*

Unser Gespräch fand im Hühnerhaus statt.

»Nichts ist so lecker wie gesundes Aussehen«, sagt Silla heute. Es hat lange gedauert, bis sich diese Einstellung zu seinem Motivationsslogan entwickeln konnte. Mittlerweile backt Silla zusammen mit seiner Freundin Protein-Cheesecakes mit Frischkäse-Erdnuss-Topping oder mixt sich seine eigenen Eiweiß-Shakes mit Früchten, bevor er morgens früh um neun ins Fitnessstudio geht. All das ist dem Wandel geschuldet, der sich in den letzten Jahren bei Silla vollzogen hat.

Silla ist ein Urgestein in der Südberliner Rapszene. Schon vor über zehn Jahren war er mit Bushido und Aggro Berlin unterwegs, den größten Pöblern Anfang der 2000er-Jahre. Sein erstes Album, »Übertalentiert«, verkaufte er 2004 noch unter der Hand. Darauf zu hören war harter Rap, der sich mit jenen Ecken Berlins beschäftigte, in die sich kein Tourist traute. Seine Stimme schien den Hörer förmlich anzubellen und wurde von theatralischen Chorsamples und wetternden Basslines unterlegt. In dieser Zeit ging Silla oft zu »Bei Radi«, dem kroatischen Restaurant um die Ecke des Studios, oder aß zu Hause »Stulle mit Brot«, wie er es nennt: eine typisch bayrische Brotzeit mit Wurstsalat, Schwarzbrot, Semmeln und Käse. Sport spielte damals keine große Rolle, Schnapsflaschen, die immer leerer wurden, während Silla immer voller wurde, dagegen schon. Er musste mehrmals wegen Alkoholvergiftungen ins Krankenhaus, musste einmal sogar wiederbelebt werden. Er kämpfte gegen die Sucht an, doch immer wieder gab es Rückfälle. Die Kraft zum Musikmachen fand Silla trotzdem, er veröffentlichte bis heute zehn Soloalben. Darunter ist »Die Passion Whisky«, in der er mit seiner Sucht abrechnet, und auch der zweiteilige Straßenrap-Klassiker »Südberlin Maskulin« zusammen mit Fler. Bei dessen Label »Maskulin« stand Silla unter Vertrag, als er, wie er sagt, »fett aus dem Kroatien-Urlaub zurückkam«. Das war für Silla der Wendepunkt.

Zusammen mit seinem Personal Trainer absolvierte er ein Zehn-Wochen-Fitnessprogramm, nahm 18 kg ab – und war angefixt. Seitdem hat er seine Ernährung umgestellt und sein Leben umgekrempelt, und schließlich auch das Label gewechselt. Fast Food gibt es heute maximal am Cheat Day – dann aber richtig. »Da esse ich schon mal zwei Packungen Eis und eine halbe Torte oder gehe richtig gut frühstücken.« Alkohol spielt keine Rolle mehr in Sillas Leben; selbst entwickelte Rezepte, die die fitnessgerechte Ernährung erträglich machen, dafür umso mehr. »Ich bin mittlerweile wie eine Datenbank und habe die Nährwerte von allen Lebensmitteln im Kopf«, sagt Silla sichtlich stolz.

LASAGNE

Für 4 Portionen

BOLOGNESE
1 rote Zwiebel
1 Knoblauchzehe
200 g Möhren
200 g Knollensellerie
2 EL Butterschmalz
500 g Rinderhackfleisch
1 gehäufter EL Tomatenmark
100 ml trockener Rotwein
2 Dosen gehackte Tomaten (je ca. 400 g)
1 Bund Oregano
1 Prise Zucker
Salz, frisch gemahlener schwarzer Pfeffer

BÉCHAMEL
50 g Butter
50 g Mehl
600 ml Milch
frisch geriebene Muskatnuss

AUSSERDEM
1 Packung Lasagneplatten (ca. 500 g)
100 g Feta-Käse
100 g Gouda
100 g Cheddar

1 Für die Bolognese Zwiebel und Knoblauch abziehen und fein würfeln. Möhren und Sellerie schälen, abspülen und ebenfalls fein würfeln. Butterschmalz in eine heiße Pfanne geben, das Hackfleisch hineingeben und bei starker Hitze braun braten. Dabei das Hackfleisch mit einem Holzlöffel zerdrücken, damit es krümelig wird. Dann das Gemüse dazugeben, ca. 5 Minuten mitbraten und mit Salz und Pfeffer würzen.

2 Tomatenmark unterrühren und weitere 2 Minuten braten, dann Rotwein dazugießen und etwa 5 Minuten bei starker Hitze kochen. Die gehackten Tomaten hinzufügen und alles etwa 15 Minuten bei mittlerer Hitze kochen lassen, bis viel Flüssigkeit verdampft ist. Oregano abspülen, die Blättchen von den Zweigen zupfen und fein hacken. Den gehackten Oregano unterrühren und mit Salz, Pfeffer und Zucker abschmecken.

3 Für die Béchamelsauce die Butter in einem Topf zerlassen. Das Mehl darin unter Rühren mit einem Holzlöffel anbraten, bis es Blasen wirft und Butter und Mehl sich gut miteinander verbunden haben. Nach und nach die Milch dazugießen und dabei kräftig rühren, damit keine Klümpchen entstehen. Unter ständigem Rühren bei kleiner Hitze etwa 3 Minuten kochen, dafür am besten einen Schneebesen nehmen. Die Sauce dann mit geriebenem Muskat abschmecken und den Topf vom Herd nehmen.

4 Als Nächstes den Boden einer rechteckigen ofenfesten Form (ca. 20 x 28 cm) mit 3 EL Béchamelsauce bestreichen und die Form mit 3–4 Nudelplatten auslegen. Darauf eine etwa 1 cm dicke Schicht Bolognese gleichmäßig verstreichen, dann einige Esslöffel Béchamelsauce auf der Bolognese verteilen. Danach wieder Lasagneblätter darauflegen und genau so weiterschichten. Mit einer Schicht Nudelplatten und Béchamelsauce abschließen und die Lasagne mit den drei verschiedenen Käsesorten komplett bedecken. Die Auflaufform auf die untere Schiene des Backofens schieben und die Lasagne bei 160 °C für ca. 40–60 Minuten backen, bis eine goldbraune Kruste entsteht.

PROTEIN-PIZZA

Für eine Pizza

1 Packung fertiger Pizzateig
½ Dose Pizzatomaten (ca. 100 g)
½ EL getrockneter Oregano
1 rote Zwiebel
100 g Kochschinken (mager)
50 g Oliven
1 EL Jalapeño-Ringe
100 g Feta-Käse
200 g geriebener Käse (fettreduziert)

1 Den Pizzateig auf ein Blech mit Backpapier geben, die Pizzatomaten darauf verteilen und mit Oregano bestreuen. Die Zwiebel pellen und in feine Streifen schneiden; dann Zwiebel, Kochschinken, Oliven und die Jalapeño-Ringe auf dem Pizzaboden verteilen. Feta zerbröseln und zusammen mit dem geriebenen Käse über die Pizza geben.

2 Bei 180 °C im vorgeheizten Ofen für 12–15 Minuten backen und sofort servieren.

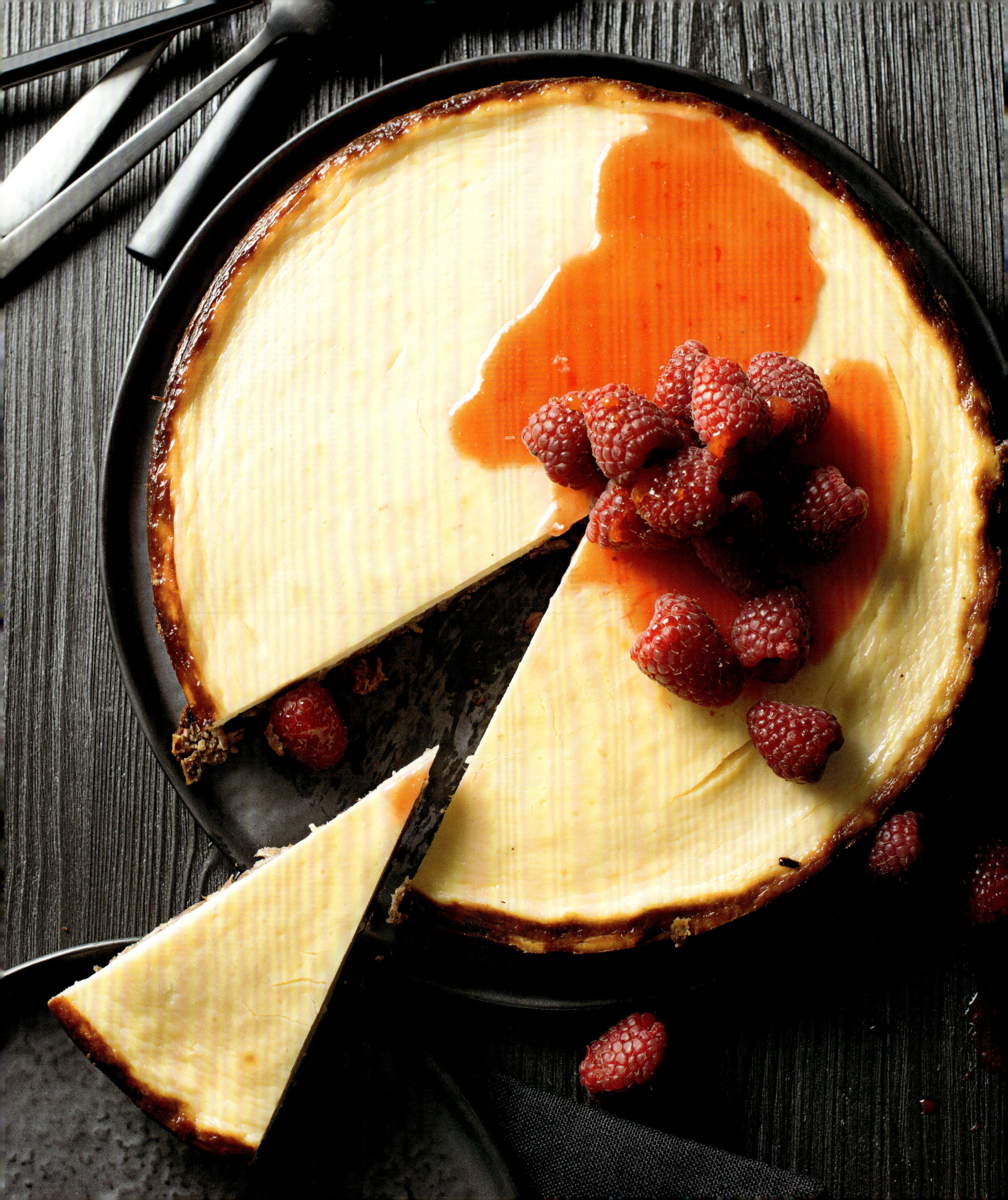

PROTEIN-CHEESECAKE

Für 1 Springform 12–16 Stücken

KUCHENBODEN
160 g Haferflocken
100 g ungezuckertes Apfelmus
100 g gemahlene Mandeln
200 g Datteln
1 Prise Zimt

CHEESECAKE-MASSE
2 Eier
700 g fettarmer Frischkäse
10 Tropfen flüssiges Stevia
1 TL Smacktastic Pulver Cheesecake
1 Prise Salz

1 Den Ofen auf 160 °C vorheizen. Für den Kuchenboden zunächst die Haferflocken, das ungezuckerte Apfelmus, die gemahlenen Mandeln und die Datteln sowie eine Prise Zimt in einem Mixer zu einer Masse mixen. In eine Springform geben und die Masse gleichmäßig bis an den Rand flach andrücken. Den Kuchenboden für 10 Minuten bei 160 °C vorbacken. Danach kurz abkühlen lassen.

2 Eier, Frischkäse, Stevia, Salz und Smacktastic Pulver Cheesecake zu einer glatten Masse mixen und in die Springform mit dem vorgebackenen Kuchenboden füllen. Den Kuchen dann für 50 Minuten fertigbacken und ihn im ausgeschalteten Backofen bei leicht geöffneter Ofentür abkühlen lassen.

TIPP
Smacktastic ist ein kalorienarmes Geschmackspulver, das Haferflocken, Quark oder Joghurt, Proteinpulver, Kaffee und auch Backkreationen verfeinert.

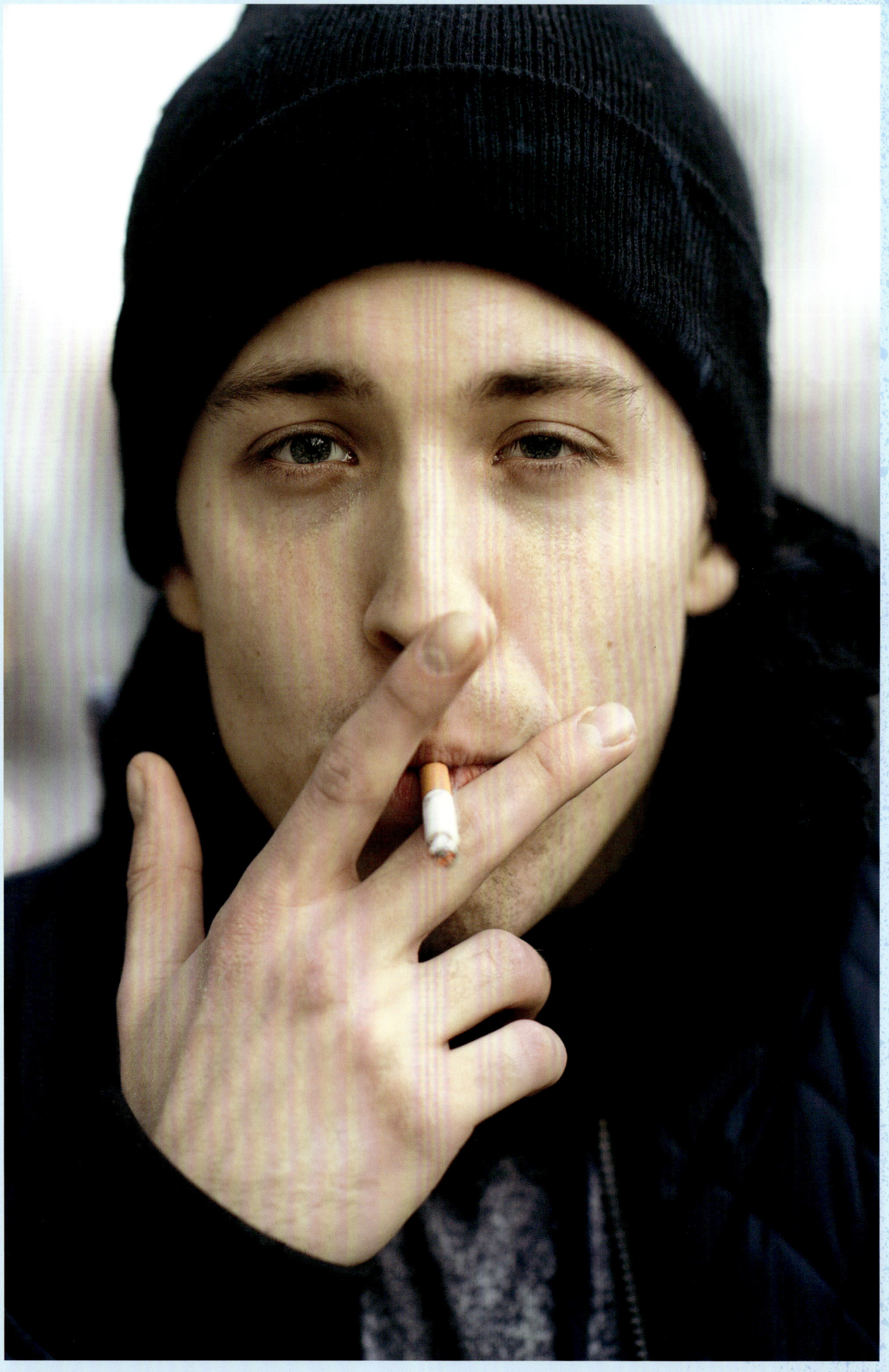

3PLUSSS

Kohlrouladen waren für 3Plusss Grund genug, für mehrere Jahre Vegetarier zu werden. Rap Battles im Internet wiederum waren der Grundstein seiner Karriere. Mittlerweile veröffentlicht der Rapper aus Essen Alben, die lyrisch in die Tiefe gehen und auf denen elektronische Sounds mit harten Drums verschmelzen. Beim Kochen überlässt er die anspruchsvollen Arbeiten aber lieber anderen.

3Plusss interessiert sich weder für Restaurants noch für Rinderrouladen. Wegen Letzteren entschied er sich in seiner Kindheit einst dazu, Vegetarier zu werden. »Ich wollte die Rouladen einfach nicht essen, und meine Mutter hat mich gefragt: ›Bist du Vegetarier?‹, und ich so: ›Ja!‹«. Damals war er 14 Jahre alt. Wenig später kam die Sache mit der Rapmusik zum Pubertäts-Vegetarismus dazu. 3Plusss stammt aus Essen, und wenn die Malocher-Metropole für eins so gar nicht bekannt ist, dann für ihre große Rapszene. Doch die lokale Musikszene spielt für das eigene Künstlerdasein ohnehin nur noch eine begrenzte Rolle. Immerhin gibt es das Internet – und dort wurde 3Plusss schließlich bekannt, weil er immer die lustigsten Beleidigungen parat hatte. Mehrere Male nahm er am VBT, einem Videobattleturnier, teil. Einige Jahre lang war das so etwas wie die Rap-Bundesliga. Das VBT ist ein ausschließlich online stattfindendes Turnier, in dem sich Rapper in unzähligen Runden gegenseitig mit auf den Gegner zugeschnittenen Lyrics und Musikvideos battlen – bis nach mehreren Monaten ein Gewinner gekrönt wird. 3Plusss hat den Hype von damals genutzt und sich vom wortgewandten Online-Provokateur zu einem Künstler entwickelt, der wirklich etwas zu sagen hat.

Auf seinem neuesten und gleichzeitig erfolgreichsten Album »Gottkomplex« thematisiert er sein Innenleben, die Gespenster des Alltags und Nudeln. Die gibt's bei ihm nämlich nebst Fertiggerichten, wenn er alleine is(s)t, denn anspruchsvolle Kochaufgaben übernehmen in der Regel seine Produzenten Ben und Pete. »Ich bin eher der Typ, der mal umrührt und mal Gemüse schnippelt«, sagt 3Plusss. Aber manchmal, nach dem Kraftsport, den er seit Jahren regelmäßig betreibt, braucht es nicht mal geschnippeltes Gemüse. »Dann brate ich mir einfach ein Stück Fleisch an und esse das so«, sagt er. Das Vegetarier-Dasein hat 3Plusss längst wieder aufgegeben. Ein Freund, der bei einem nächtlichen Burger-King-Besuch nicht alles aufessen konnte, hat Schuld. »Ein Burger ist übrig geblieben, und ich hatte plötzlich Lust darauf. Ich habe mir danach dann gleich noch welche bestellt und war nach vier Jahren kein Vegetarier mehr.« Schlimm findet er das nicht: Die Quiche mit Spinat und Speck, die seine Produzenten gerne machen, schmeckt einfach zu gut.

Unser Gespräch fand im Kahrtoum statt.

RESTAURANT-TIPPS
3Plusss geht nicht in Restaurants.
Er findet Restaurants »Scheiße«, sagt er.

„ICH BIN WEGEN DEN KOHLROULADEN MEINER MUTTER VEGETARIER GEWORDEN.

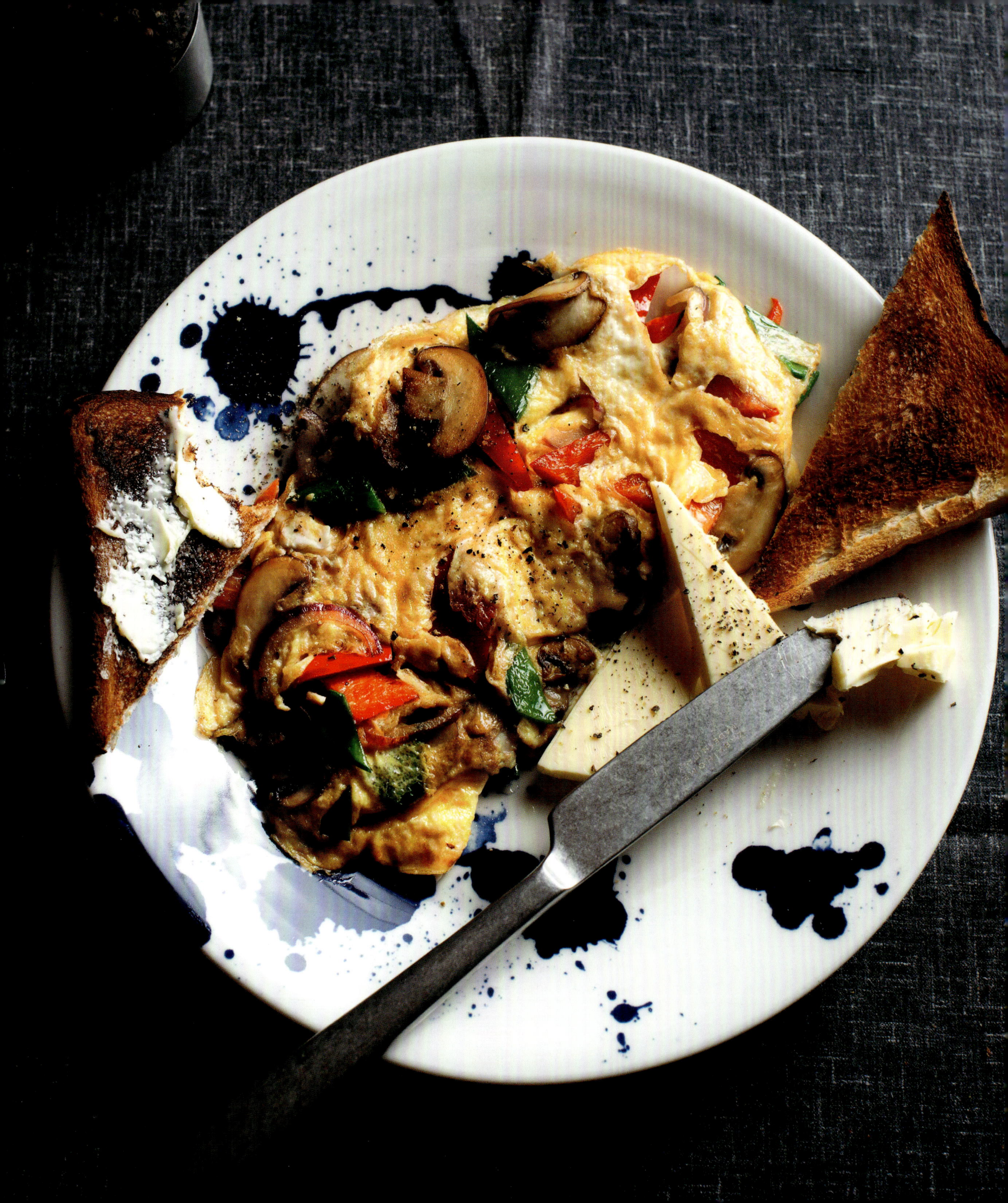

OMELETT
MIT PILZEN UND PAPRIKA

Für 2 Portionen

1 Zwiebel
1 rote Paprika
250 g braune Champignons
½ Bund glatte Petersilie
5 Eier (Größe M)
Muskat (nach Belieben)
1 EL Öl zum Braten
Salz, Pfeffer

1 Zwiebel und Paprika halbieren, Kerne und Seitenwände der Paprika entfernen und alles in feine Streifen schneiden. Die Pilze putzen, die Stiele abschneiden und die Champignons je nach Größe halbieren oder vierteln. Petersilienblättchen von den Stängeln zupfen und die Blätter fein hacken.

2 Die Eier verquirlen, nach Belieben mit Salz, Pfeffer und Muskat würzen und dann die Hälfte der Petersilie untermischen.

3 In einer beschichteten Pfanne das Öl erhitzen und die Pilze bei starker Hitze rundherum etwa 5 Minuten anbraten. Zwiebel und Paprika hinzugeben und bei mittlerer Hitze etwa 3 Minuten mit anbraten. Mit Salz und Pfeffer würzen, aus der Pfanne nehmen und die restliche Petersilie untermischen.

4 Dann die Eimasse in eine große Pfanne geben und bei mittlerer Hitze stocken lassen. Zum Schluss das angebratene Gemüse darauf verteilen und das Omelett mit einem Holzspatel in der Mitte zusammenklappen.

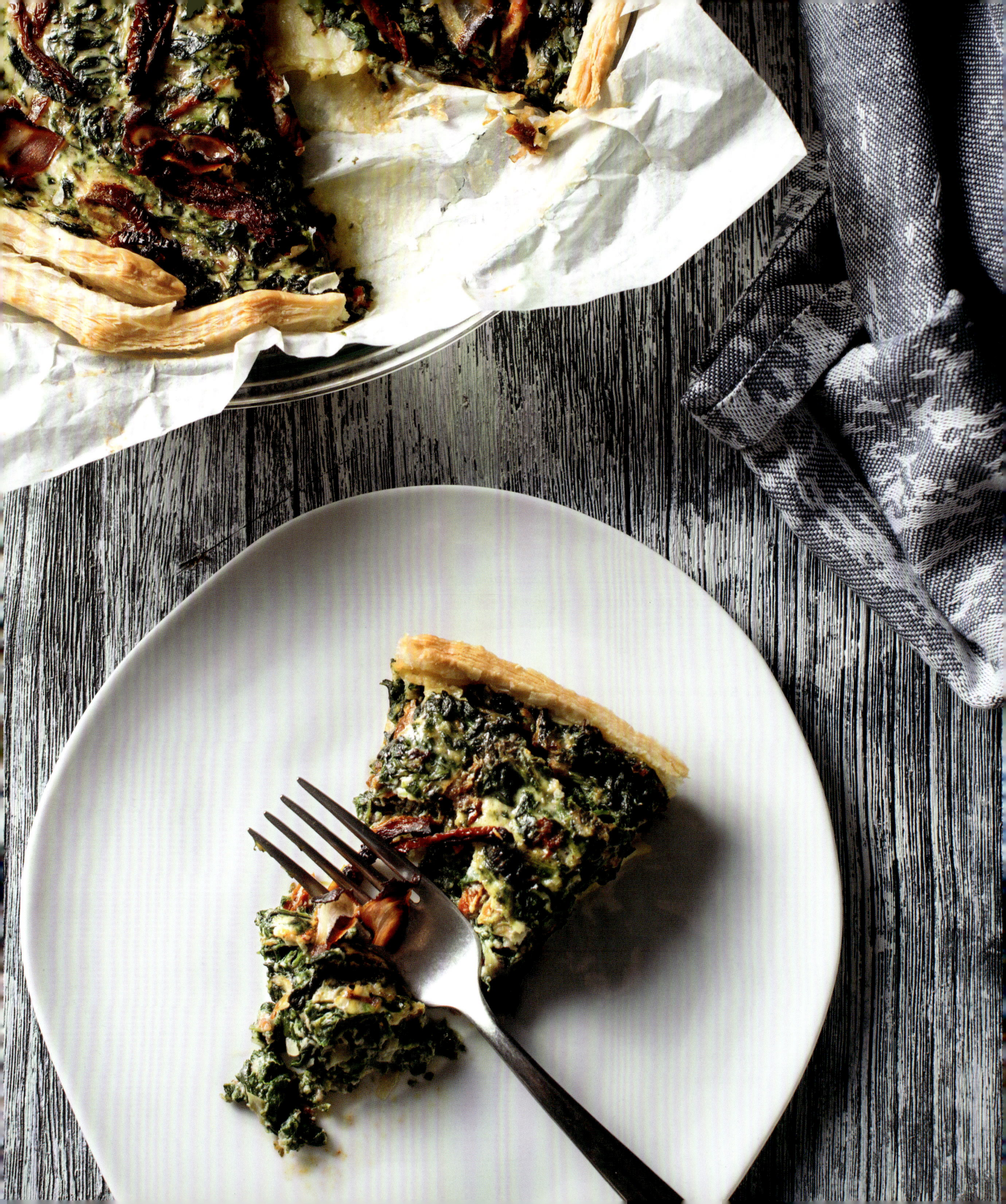

SPINATQUICHE

Für eine runde Springform (Ø 26 cm)

250 g Mehl (plus Mehl für die Form und für die Arbeitsfläche)
125 g weiche Butter (plus Butter zum Einfetten)
4 Eier (Größe M)
600 g junger Blattspinat
100 g getrocknete Tomaten, in Öl eingelegt
100 g Bergkäse
200 ml Sahne
frisch geriebene Muskatnuss
1 EL Pinienkerne
Salz, Pfeffer

1 Mehl, Butter, eine Prise Salz und ein Ei in eine Schüssel geben und mit den Knethaken des Handrührgeräts rasch zu einem glatten Teig verkneten. Zu einer Kugel formen, in Folie wickeln und 30 Minuten kalt stellen.

2 In der Zwischenzeit den Spinat waschen, abtropfen lassen und verlesen; dabei grobe Stiele abschneiden. Wasser in einem Topf aufkochen und salzen. Dann den Spinat ins sprudelnd kochende Salzwasser geben, nach ca. 15 Sekunden in ein Sieb abgießen, sofort eiskalt abschrecken und abtropfen lassen. Den Spinat mit den Händen ausdrücken und klein hacken.

3 Den Backofen auf 200 °C vorheizen. Die getrockneten Tomaten abtropfen lassen und in kleine Würfel schneiden; die Tomaten und den Bergkäse dann unter den Spinat mischen.

4 Die Form fetten und mit Mehl ausstreuen. Den vorbereiteten Teig auf der bemehlten Arbeitsfläche ca. 4 cm größer als die Form ausrollen. In die Form geben, dabei den Teig am Rand hochziehen und gut andrücken. Den Boden mehrmals einstechen.

5 Die übrigen Eier mit der Sahne verquirlen und mit Salz, Pfeffer und Muskat kräftig würzen. Die Spinatmischung auf dem Teigboden verteilen und den Eierguss darübergießen. Die Quiche dann im Ofen auf der mittleren Schiene für ca. 35 Minuten backen; etwa 10 Minuten vor Ende der Backzeit die Pinienkerne darüberstreuen. Die Quiche aus dem Ofen nehmen und noch ca. 10 Minuten ruhen lassen, dann ist sie schneide- und servierbereit.

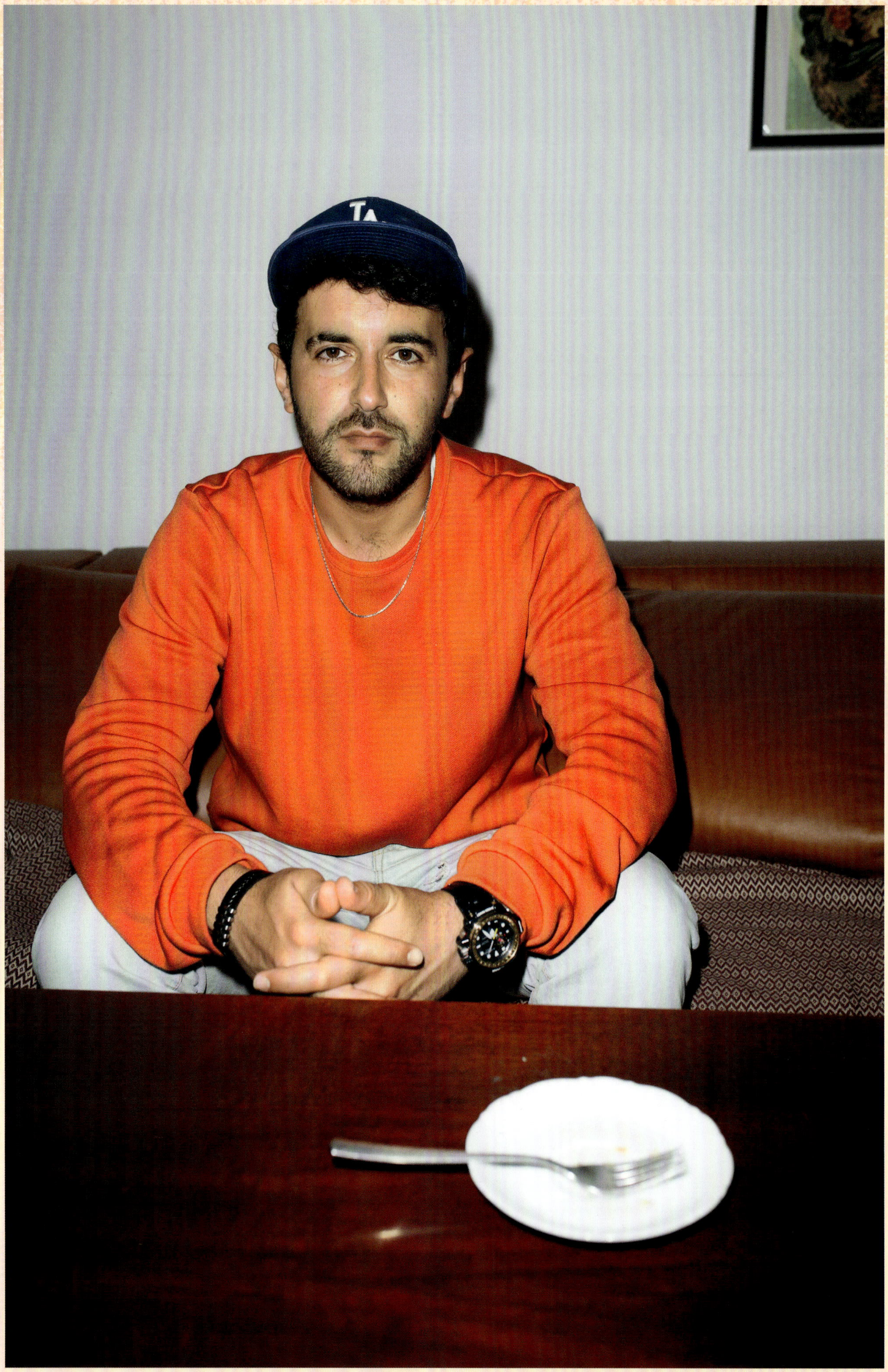

CHEFKET

Chefket schreibt Texte, die bewegen und die etwas bewegen können. Er ist emotional und gleichzeitig kritisch – eine Besonderheit in der aktuell stark von Hedonismus geprägten Deutschrapszene. Chefkets Nervennahrung sind frisches Baklava von seiner Mutter oder Sucuk mit Ei. Und wenn er mal auswärts essen geht, dann weiß er genau, woran man gute Läden erkennt.

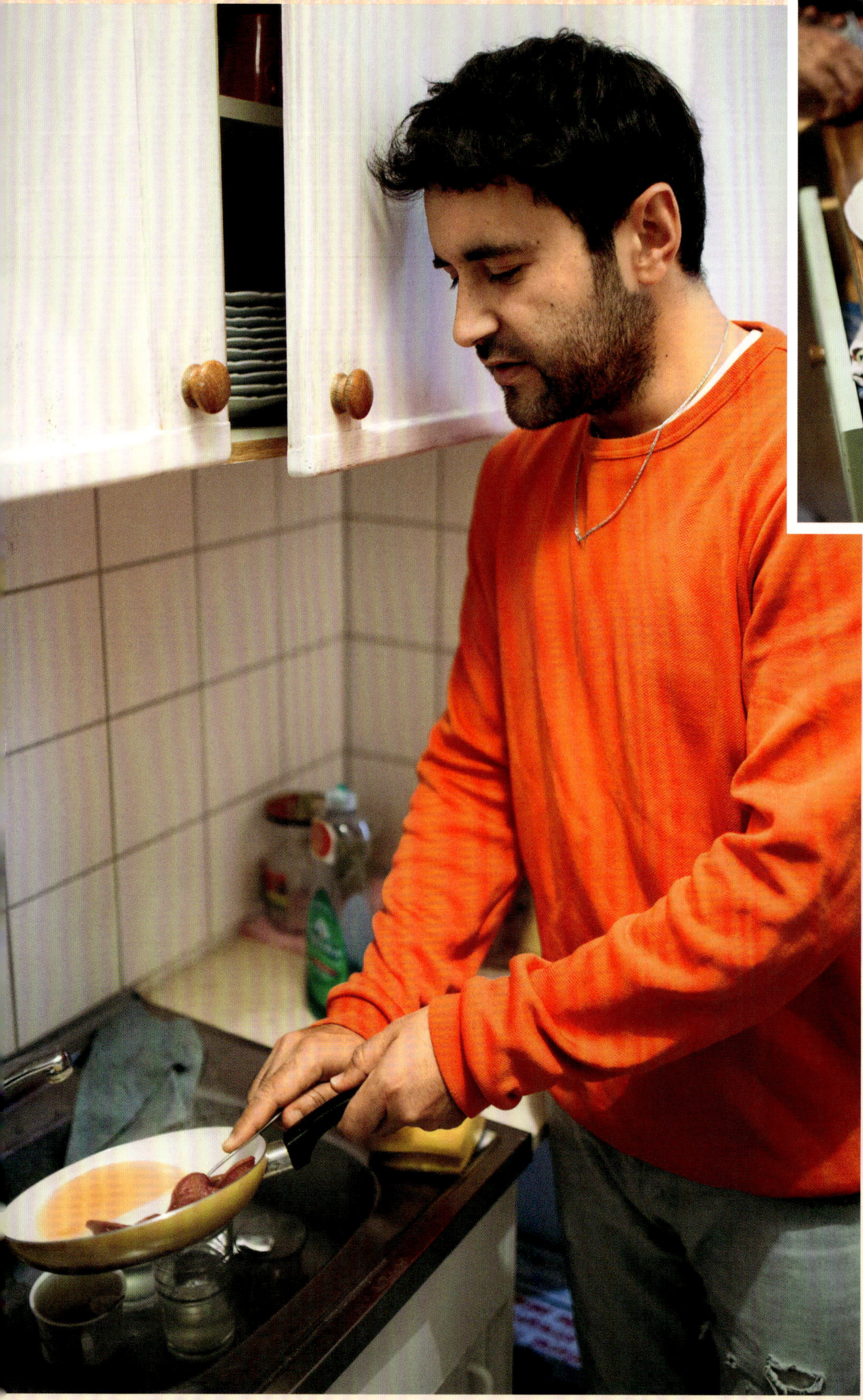
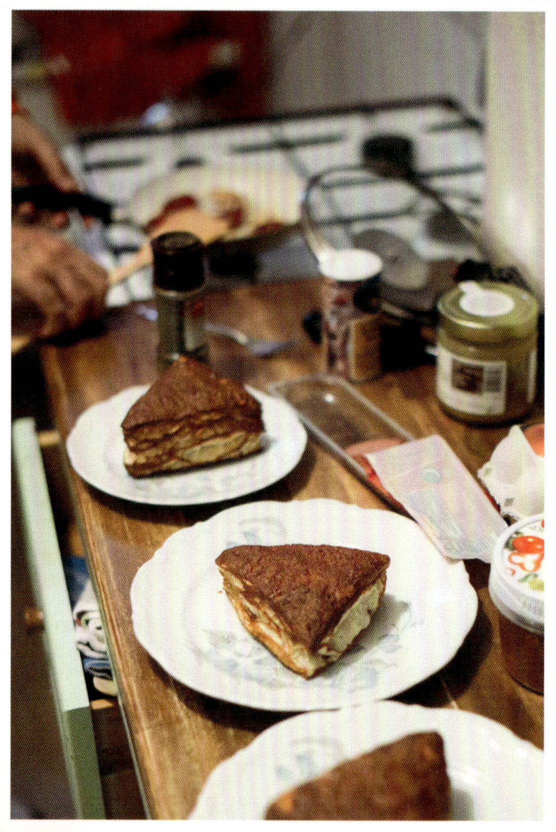
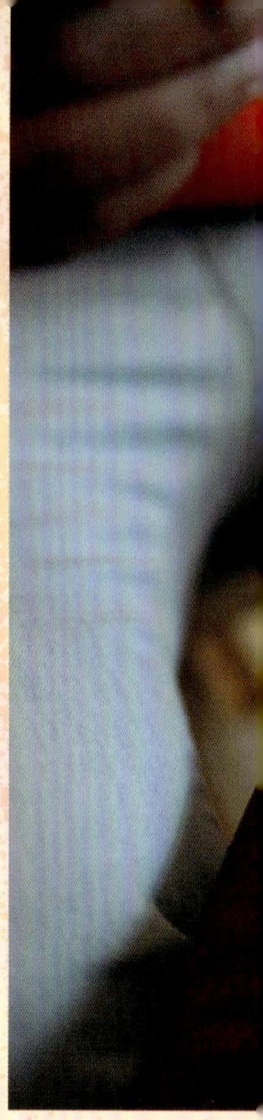
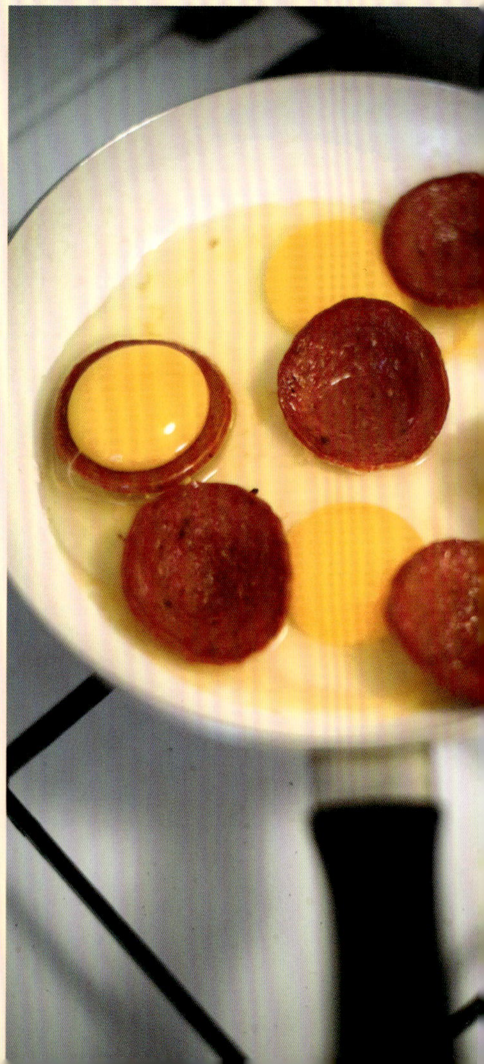

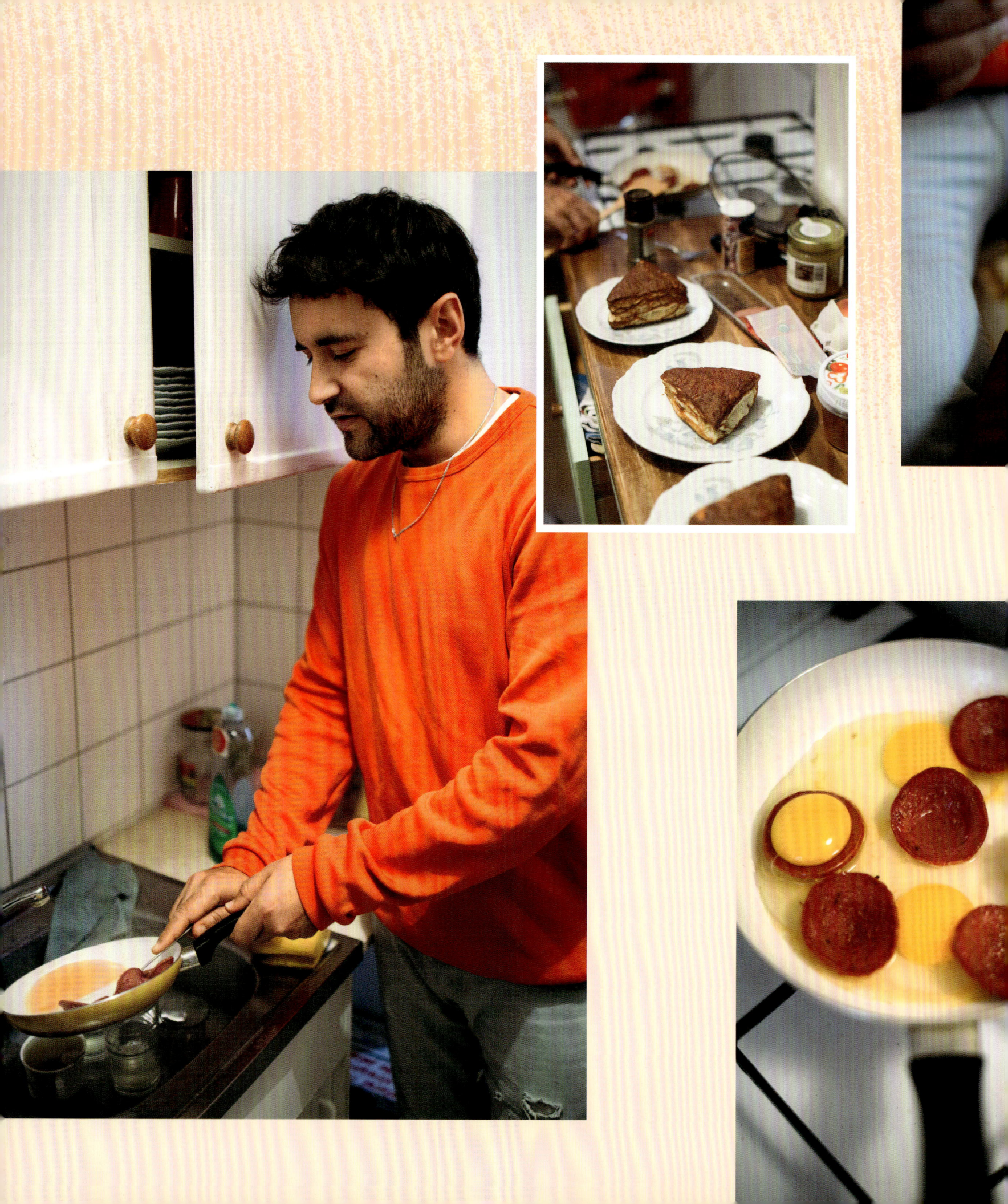

> **STEAK HABE ICH NIE GECHECKT. EINFACH EIN STÜCK FLEISCH, WAS SOLL DAS?**

»Hunger so groß, Teller zu klein. Eier sind deutsch, Wurst aus Türkei«, rappt Chefket auf seinem Song »Sucuk & Ei«. Heute stimmt das nur halb. Wir stehen in Chefkets Wohnung; er will uns zeigen, wie Sucuk und Ei richtig geht. Das Problem dabei ist nur: Wir haben die falsche Knoblauchwurst mitgebracht. »Ich esse das nur mit Sucuk von Egetat«, sagt Chefket und spielt den Aufgebrachten. Die Wurst von Egetat sei einfach so gut, dass Türken sie sogar in Deutschland kaufen und mit in die Türkei nehmen würden. Wir glauben es ihm und sind froh, dass Chefket dann doch eine Ausnahme macht und mit uns kocht.

Der Rapper ist im schwäbischen Heidenheim aufgewachsen, und dort war die Auswahl an türkischen Lebensmitteln im Vergleich zu Berlin relativ eingeschränkt. Seine Mutter bereitete trotzdem alles zu, was die türkische Küche hergibt – wirklich alles, von Börek bis Sarma. Chefket sagt: »Mit der türkischen Küche aufgewachsen zu sein, ist Fluch und Segen zugleich. Dir schmeckt einfach nichts anderes mehr, weil so krass gewürzt wird. Steak habe ich zum Beispiel nie gecheckt. Einfach ein Stück Fleisch, was soll das?«

Auswärts essen ging Chefket früher selten. »Türkische Mamas sind eher skeptisch, was fremde Restaurants angeht«, sagt er. Meistens schmeckt's zu Hause eh besser. Wenn es Chefket heute doch mal in einen Dönerladen verschlägt, dann achtet er auf zwei Dinge: Automaten und Alkohol. »Wenn in den Dönerbuden weder Spielautomaten stehen

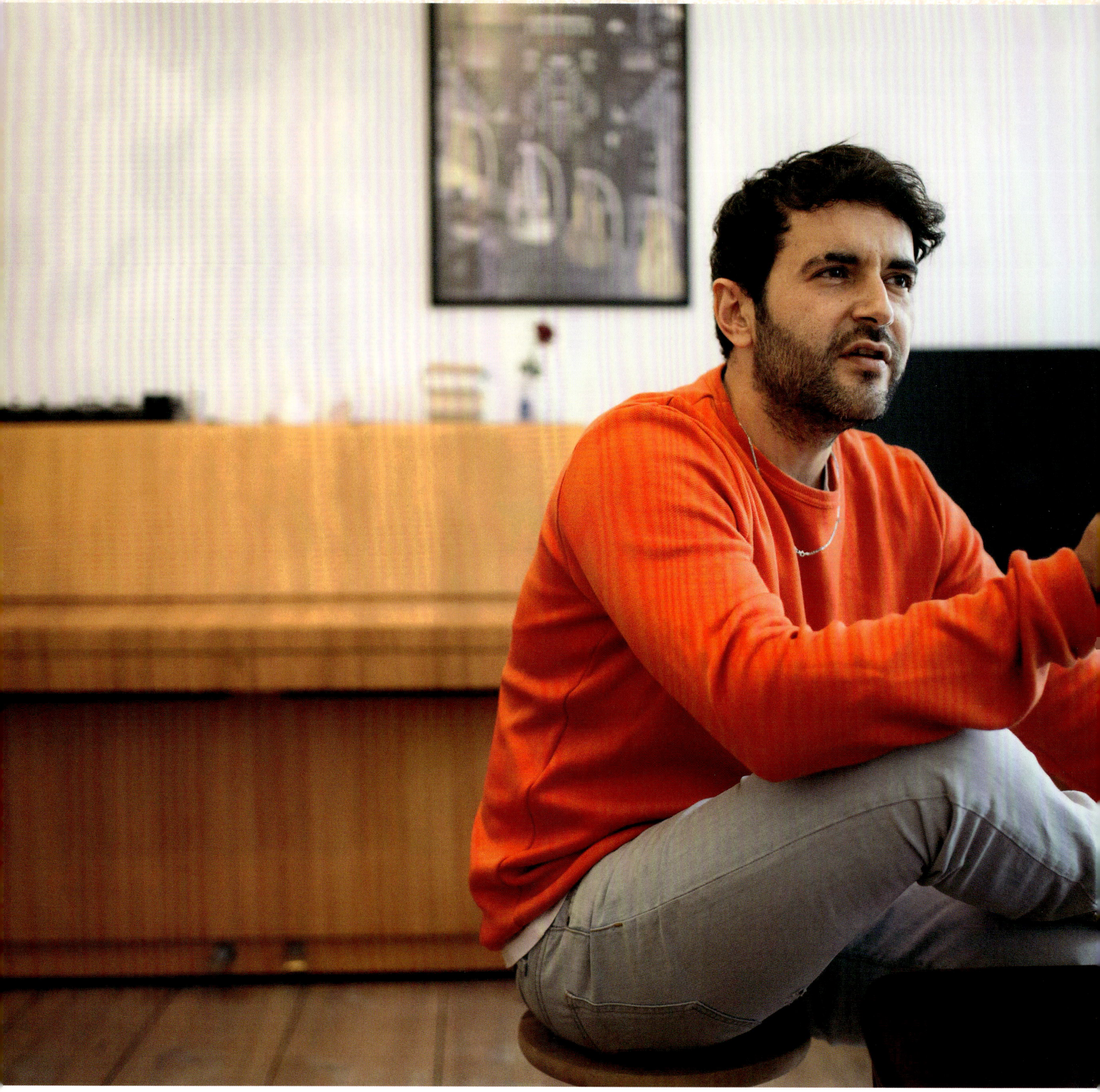

Unser Gespräch fand zu Hause bei Chefket statt.

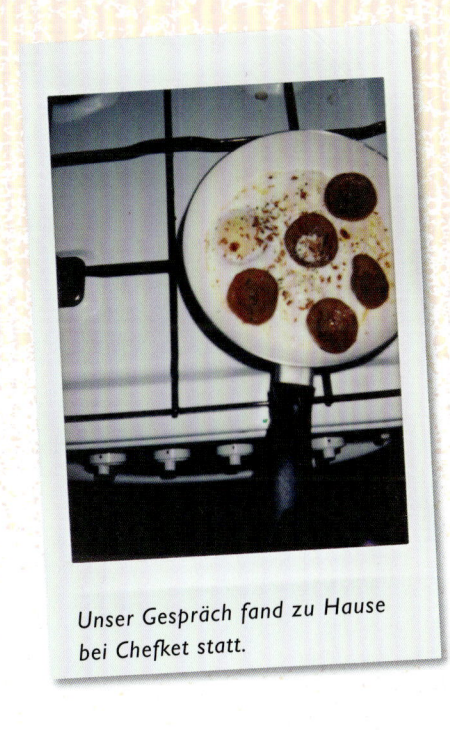

noch Alkohol verkauft wird, dann sind sie meistens gut«, sagt Chefket. »Denn dann überleben die Läden nur durch ihr Essen.«
In Heidenheim wurde es ihm irgendwann zu eng. Musik zu machen, das war dort schon möglich, aber viel Publikum gab es nicht. Chefket zog nach Berlin, weil ihm kiffen, skaten und ab und zu auf Hip-Hop-Jams rumhängen auf Dauer einfach zu eintönig wurden. In Chefkets Wohnung steht auf einem Regal unter anderem eine leere Schnapsflasche, die zur Vase umfunktioniert wurde; gleich daneben stehen ein Bukowski-Buch und ein Mixer. Gut möglich, dass es Relikte der Phase sind, die Chefket in Berlin durchfeiert hat, während er in kleinen Schuppen freestylte, bis er schließlich beim Indielabel »Edit« unterkam.
Doch zurück zum Sucuk. Einmal, da sah Chefket mit seiner Mutter eine türkische Kochsendung, und seitdem hat er das Rezept im Kopf. »Es ist das beste Junggesellenessen und perfekt, wenn du spät nach Hause kommst und schnell etwas zu essen machen willst«, sagt er, während er Sucuk-Scheiben anbrät. In seiner Küche, das fällt auf, stehen unzählige Behälter mit scharfen Saucen. Ben DMA, ein befreundeter Produzent, hat sie ihm geschenkt. »Er meinte, ich bräuchte das.«
Zusammen mit seinen Produzenten kreiert Chefket einen Sound, der Rap und Soul sowie die deutsche und die türkische Sprache miteinander kombiniert. Das funktioniert so gut, dass ihn das Goethe Institut für Konzerte um die halbe Welt schickte. Für Chefket eine tolle Zeit – auch um neues Essen zu entdecken. In Polen gab's zum Beispiel Piroggen, in England Fish and Chips. Zurück im Studio in Deutschland gibt es dagegen eher Instant-Nudeln, weil die Lieferdienste dorthin nicht liefern. »Ich merke das richtig, wie es im Gesicht kribbelt, wegen des ganzen Glutamats der Fertigsuppen«, sagt Chefket und grinst. Zum Glück hat er sich mittlerweile auch in seiner Wohnung ein provisorisches Studio eingerichtet, in dem Songs für das neue Album entstehen. Das wird über Universal erscheinen. Statt Instant-Nudeln in der Tasse gibt's dann vegane Bowls bei »1990«. Oder eben Sucuk mit Ei.

RESTAURANT-TIPPS
1990 VEGAN LIVING, Berlin
NIL, Berlin
BURGERAMT, Berlin
NO HABLO ESPAÑOL, Berlin
DOYUM, Berlin

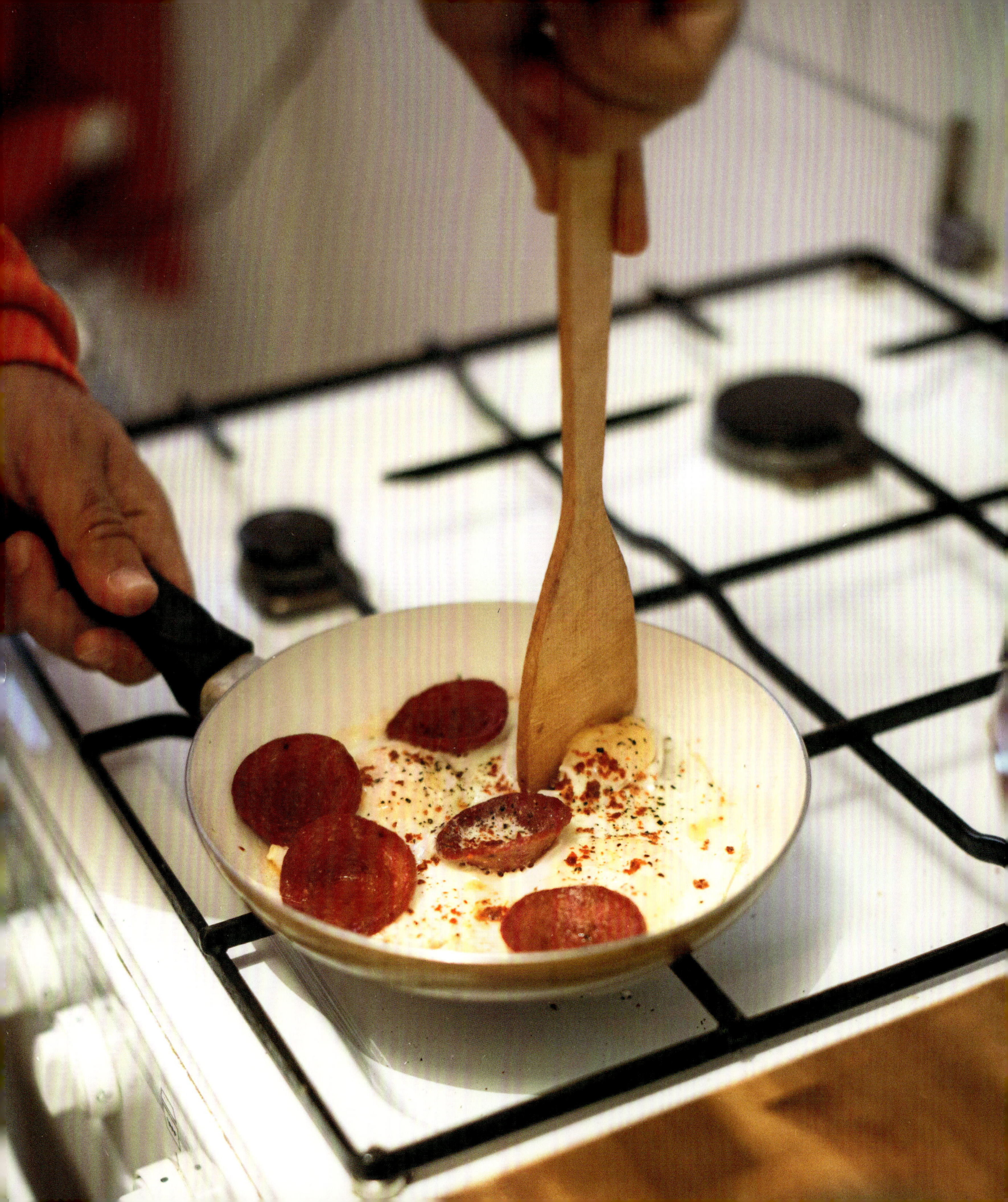

SUCUK-SANDWICH

Für 4 Portionen

4 Sucuk (türkische Knoblauchwurst)
8 Eier
100 g Feta-Käse
4 Tomaten
4 kleine Fladenbrote (oder Baguette-Brötchen)

1 Die Sucuk in ca. 5 mm dicke Scheiben schneiden. Die Dicke der Scheiben entscheidet über den Geschmack und die Konsistenz – wer es saftiger mag, nimmt einfach dickere Scheiben.

2 Die Sucuk-Scheiben in einer heißen Pfanne ohne Ölzugabe anbraten. Die Eier dazugeben, den Feta-Käse in die Pfanne bröseln und alles stocken lassen. Bei Bedarf nachwürzen, falls die Wurst noch nicht würzig genug sein sollte.

3 Die Tomaten in Scheiben schneiden, die Fladenbrote mit den Tomatenscheiben und der Sucuk-Ei-Masse belegen und servieren.

ROTE LINSENSUPPE

Für 4 Portionen

SUPPE
350 g Möhren
200 g Porree
250 g Sellerie
3 EL Olivenöl
2 Lorbeerblätter
500 ml Gemüsebrühe
300 g rote Linsen
1–2 EL Weißweinessig
Salz, Pfeffer

GREMOLATA (KRÄUTER-WÜRZMISCHUNG)
1 Knoblauchzehe
½ Bund Petersilie
1 Zitrone

1 Möhren, Porree und Sellerie putzen bzw. schälen und in Stücke oder Ringe schneiden. 1 EL Olivenöl in einem Topf erhitzen. Das Suppengrün und die Lorbeerblätter dazugeben und 2–3 Minuten andünsten. Brühe hinzufügen, aufkochen und 6–8 Minuten köcheln lassen. Dann die Linsen dazugeben und alles weitere 8–10 Minuten köcheln lassen. Die Suppe leicht pürieren und mit Salz, Pfeffer und Weißweinessig abschmecken.

2 In der Zwischenzeit für die Gremolata den Knoblauch schälen und fein hacken; Petersilie waschen und ebenfalls fein hacken. Die Zitrone heiß abwaschen, abtrocknen und die Schale dünn abreiben. Die Zitrone dann halbieren und eine Hälfte auspressen. Petersilie, Knoblauch, Zitronenschale und den Zitronensaft mischen und bis zur Verwendung kalt stellen. Die Suppe in Schalen oder tiefen Tellern anrichten und mit der Gremolata verfeinern.

KÄSESPÄTZLE
MIT RÖSTZWIEBELN

Für 4 Portionen

3 Zwiebeln
Butter zum Braten und zum Einfetten
½ Bund Petersilie
400 ml Sahne
150 g Gouda
1 kg Spätzle (aus dem Kühlregal)
Knoblauch (nach Belieben)
150 g Greyerzer Käse (Le Gruyère)
Salz, Pfeffer

1 Die Zwiebeln schälen, eine halbe Zwiebel in Würfel schneiden und in eine Pfanne mit Butter geben. Die restlichen Zwiebeln ebenfalls würfeln, in eine zweite Pfanne mit nur wenig Butter geben und erst einmal zur Seite stellen. Petersilie waschen und hacken; die halbe gewürfelte Zwiebel in Butter glasig anbraten und anschließend die Petersilie hinzufügen. Alles für ca. 1–2 Minuten köcheln lassen und schließlich mit der Sahne ablöschen. Ca. 100 g Gouda unterheben und zum Schmelzen bringen; dabei immer wieder gut umrühren.

2 Die Spätzle nach Herstellerangaben zubereiten und anschließend in eine gefettete Auflaufform geben. Die Käse-Sahne-Sauce darübergeben und alles gut unterheben. Mit Salz, Pfeffer und eventuell auch mit Knoblauch abschmecken. Zum Schluss mit dem restlichen Gouda und dem Gruyère bestreuen. Für ca. 15 Minuten bei 180 °C in den Backofen geben.

3 Währenddessen die Pfanne mit dem Großteil der Zwiebeln anstellen und die Zwiebeln in der Pfanne rösten. Damit die Zwiebeln schön bräunen, so wenig Butter wie möglich verwenden. Die Käsespätzle, sobald sie aus dem Ofen dürfen, mit den Röstzwiebeln bedecken und anschließend servieren.

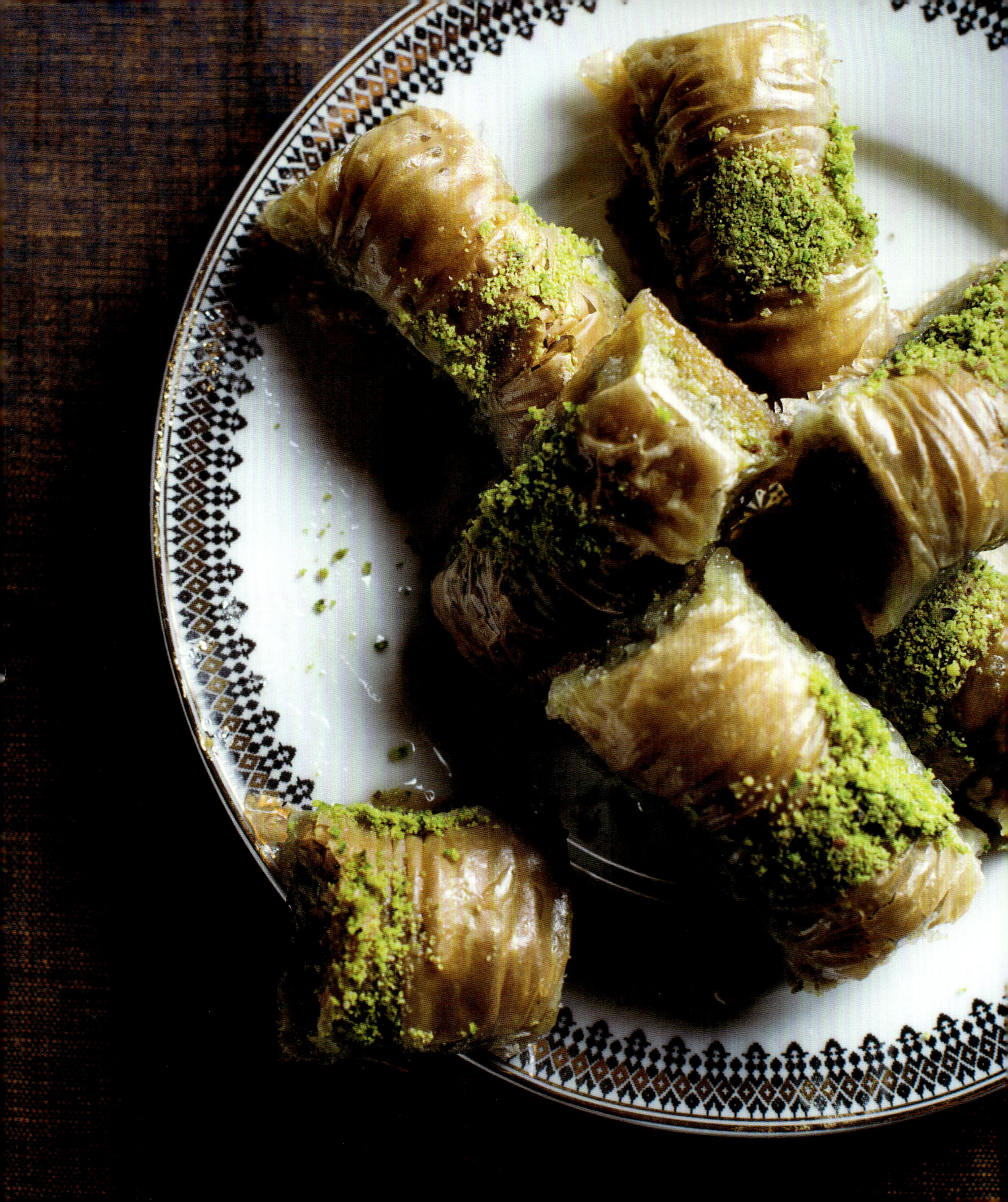

BAKLAVA

Für eine Auflaufform (ca. 20 x 30 cm)

TEIG
250 g Butter
25 Yufka-Teigblätter

FÜLLUNG
300 g Pistazien, ungesalzen (plus Pistazien zum Bestreuen)
4 EL Zucker
¼ TL Zimt

SIRUP
150 ml Wasser
150 g Zucker
Saft einer ½ Zitrone

1 Die Butter zerlassen und die Teigblätter so zuschneiden, dass sie in die Backform passen.

2 Die Pistazien für die Füllung mahlen, dann mit dem Zucker und dem Zimt verrühren. Die Backform mit etwas zerlassener Butter einfetten. Fünf der zugeschnittenen Teigblätter nacheinander in die Form legen, dabei jedes Blatt mit Butter einstreichen. Ein Fünftel der Pistazienmischung auf die Teigblätter geben. Erneut fünf Teigblätter auflegen, mit der Pistazienmischung bestreichen und diesen Vorgang wiederholen, bis auch die restlichen Teigblätter aufgebraucht sind.

3 Baklava mit einem scharfen Messer zu Rechtecken schneiden, mit der restlichen Butter bestreichen und im vorgeheizten Backofen bei 180 °C ca. 25 Minuten goldbraun backen.

4 In der Zwischenzeit den Sirup zubereiten. Dafür das Wasser mit dem Zucker aufkochen, bis der Zucker sich aufgelöst hat. Dann den Zitronensaft einrühren.

5 Baklava aus dem Ofen nehmen und direkt mit dem heißen Sirup übergießen. Nach Belieben mit Pistazien bestreuen und mindestens 60 Minuten ziehen lassen. Am besten noch lauwarm servieren.

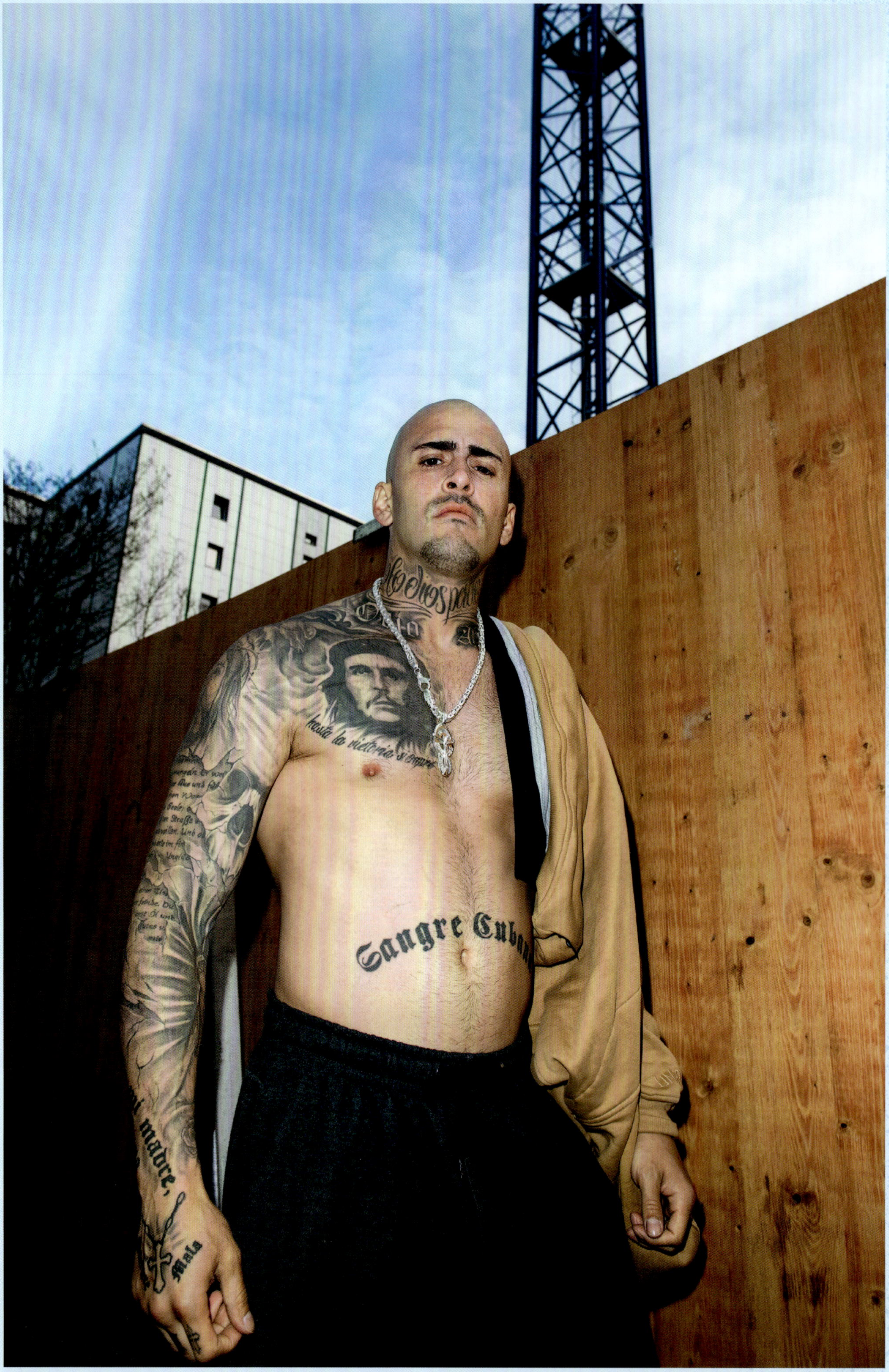
Sangre

OMIK K

Omik K ist höchstwahrscheinlich der härteste Rapper Ostdeutschlands. Er macht brachialen Straßenrap, klingt aber auf Westcoast-Beats zusammen mit Cypress Hill genauso gut. Zu Hause in Leipzig kombiniert Omik K nicht nur Sounds, sondern auch die kubanische mit der lokalen Küche. Er hat jede Menge spannende Geschichten zu erzählen – aus dem ostdeutschen Milieu und auch von der kubanischen Fleischmafia.

Unser Gespräch fand im Las Malvinas statt.

Die Eisenbahnstraße ist der gefährlichste Ort in Leipzig. Das sagen zumindest die Boulevardmedien. Doch die vielen Studenten und Menschen mit unterschiedlichsten Wurzeln, die dort leben, schmunzeln ob der überspitzten Behauptung. Omik K ist in Leipzig aufgewachsen und hat viel Zeit an dem Ort verbracht, der angeblich so schlimm sein soll. Wir treffen den Rapper in Berlin und essen gemeinsam Steak. Eindrucksvoll sieht er aus, mit den kurz geschorenen Haaren und den vielen Tattoos, das stimmt schon, aber gefährlich wirkt er nicht. Eher sympathisch. Sein Rap ist dafür schon immer hart gewesen.

In Sachsen, wo Hip-Hop erst nach dem Zerfall der DDR relevant wurde, ist Deutschrap noch immer etwas Besonderes. Bekannte Straßenrapper gibt es dort kaum. Aber Omik K ist einer dieser wenigen, spricht über sein »Barrio«, also seine Nachbarschaft, über seine Erfahrungen im Milieu und darüber, wie es ist, sich durchbeißen zu müssen. Und das seit knapp 15 Jahren.

Mit sechs Jahren kam Omik K aus Kuba nach Deutschland. Ein Grund dafür, dass er Rindersteak heute so mag (immer Medium Well, denn »so ist es am saftigsten, nicht zu rot, nicht zu sehr Schuhsole«), ist, dass es das in Kuba damals nicht gab. »Rind konnten sich nur die Reichen leisten: Ärzte oder Touristen«, sagt Omik. Doch manchmal kam man trotzdem an das begehrte Fleisch. In kleinen Hütten hinter zugezogenen Gardinen wurde es verkauft. Auf Kuba gebe es eine Art »Fleischmafia«, sagt Omik K und beschreibt deren Arbeitsweise so: »Die springen nachts zu fünft über den Zaun, schlachten ein Rind, transportieren die Teile weg und verticken sie wie Drogendealer.« Man könne dafür sehr lange ins Gefängnis kommen. Einige griffen trotzdem zu diesen Mitteln, wenn sie die typisch kubanischen Reisspeisen satt hätten. »Das Essen auf Kuba ist gut, aber sehr einfach«, sagt Omik K.

Im Garten, da hätten sie früher Kokosnüsse gehabt. Und Guaven. Und Ananas. Die perfekten Grundzutaten für einen Milchshake fielen also sozusagen vom Himmel. »Ein Shake nach dem Essen gehört auf Kuba dazu«, sagt Omik K. In Leipzig zieht es ihn immer wieder in eine kleine Kaschemme im Süden der Stadt. »Bei ›Schnellbuffet Süd‹ gibt's die beste ostdeutsche Küche.« Es muss nicht immer Steak sein – und bei richtig gutem Essen ist Omik K auch ohne Shake zufrieden.

RESTAURANT-TIPPS
SCHNELLBUFFET SÜD, Leipzig
LA COSITA, Leipzig
MAXIM, Leipzig
BROTHERS, Leipzig
HOOTERS, Hollywood, USA

„DIE SPRINGEN NACHTS ÜBER DEN ZAUN, SCHLACHTEN EIN RIND UND VERTICKEN ES.

STEAK
MIT OFENKARTOFFELN

Für 4 Portionen

4 Rumpsteaks (je ca. 200–300 g)
8 große Kartoffeln, festkochend
4 EL Öl
½ Glas Rotwein
Salz, Pfeffer

1 Die Rumpsteaks aus dem Kühlschrank nehmen und die Fettränder mit einem scharfen Messer leicht einschneiden. Das Fleisch dann für ca. 30 Minuten Raumtemperatur annehmen lassen.

2 Backofen auf 180 °C vorheizen. Die Kartoffeln in ca. 1 cm dicke Scheiben schneiden, mit 2 EL Öl marinieren und mit Salz und Pfeffer würzen. Die Kartoffeln auf einem Backblech mit Backpapier verteilen und auf der mittleren Schiene 45 Minuten backen. Nach 30 Minuten Backzeit die Steaks in einer heißen Pfanne mit 2 EL Öl von jeder Seite ca. 1–2 Minuten anbraten. Mit Salz und Pfeffer würzen und mit dem Rotwein ablöschen. Die Steaks dann auf einem Stück Alufolie zu den Kartoffelscheiben in den Ofen legen und noch 5–10 Minuten mitgaren.

3 Das Fleisch vor dem Anschneiden 3 Minuten ruhen lassen; Kartoffeln und Steak dann anrichten und servieren.

MANGO-MILCHSHAKE

Für 1 ½ l Milchshake

2 Mangos
1 l Vanilleeis
4 TL Puderzucker
200 ml Milch

1 Mangos schälen und das Fruchtfleisch in grobe Würfel schneiden. Alle Zutaten in einen Mixer geben und gründlich mixen (oder notfalls mit einem Pürierstab in einer Schüssel pürieren). Sofort nach dem Zubereiten servieren, damit der Shake noch schön dickflüssig und erfrischend ist.

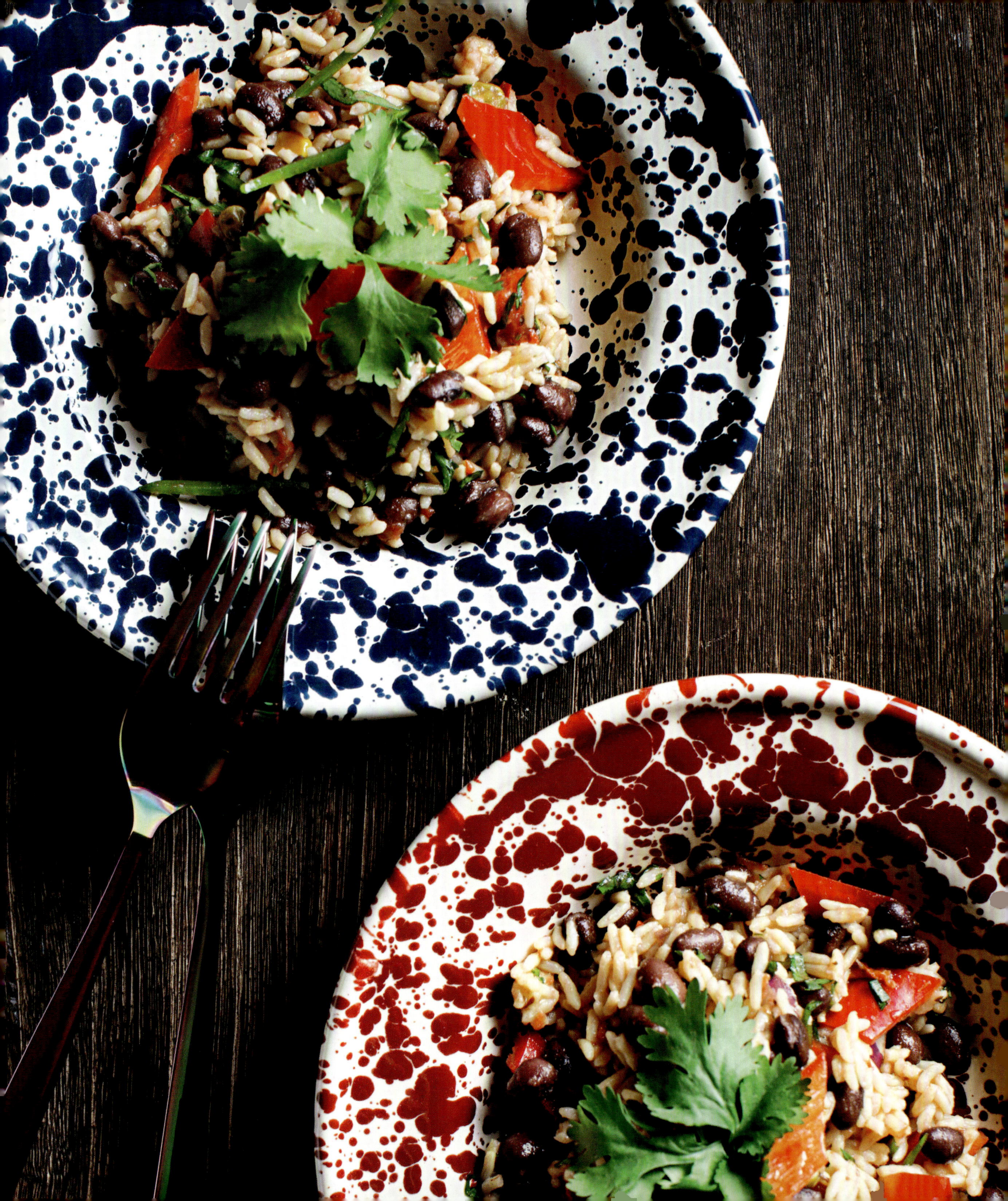

CONGRIS

| Für 4 Portionen |

250 g Langkornreis
1 Zwiebel
2 Knoblauchzehen
1 rote Paprika
300 g Tomaten
3 EL Olivenöl
250 g rote Bohnen
frischer Koriander
Salz, Pfeffer

1 Den Langkornreis waschen, bis das Wasser klar bleibt; dann etwas abtropfen lassen. Die Zwiebel und den Knoblauch schälen und in kleine Würfel schneiden. Paprika und Tomaten waschen, entkernen und ebenfalls in kleine Würfel schneiden.

2 Das Olivenöl in einem Topf erhitzen und die Zwiebelwürfel und den Knoblauch darin goldbraun braten. Paprika und Tomaten dazugeben und kurz mitbraten. Dann den Reis und die Bohnen hinzufügen und mit Wasser aufgießen, bis alles bedeckt ist. Mit Salz und Pfeffer würzen und aufkochen lassen. Alles zugedeckt bei schwacher Hitze ca. 20–30 Minuten leicht köcheln lassen; dann zugedeckt ca. 10–15 Minuten ziehen lassen, bis der Reis und die Bohnen gar sind. Auf vorgewärmten Tellern anrichten, mit frischem Koriander dekorieren und servieren.

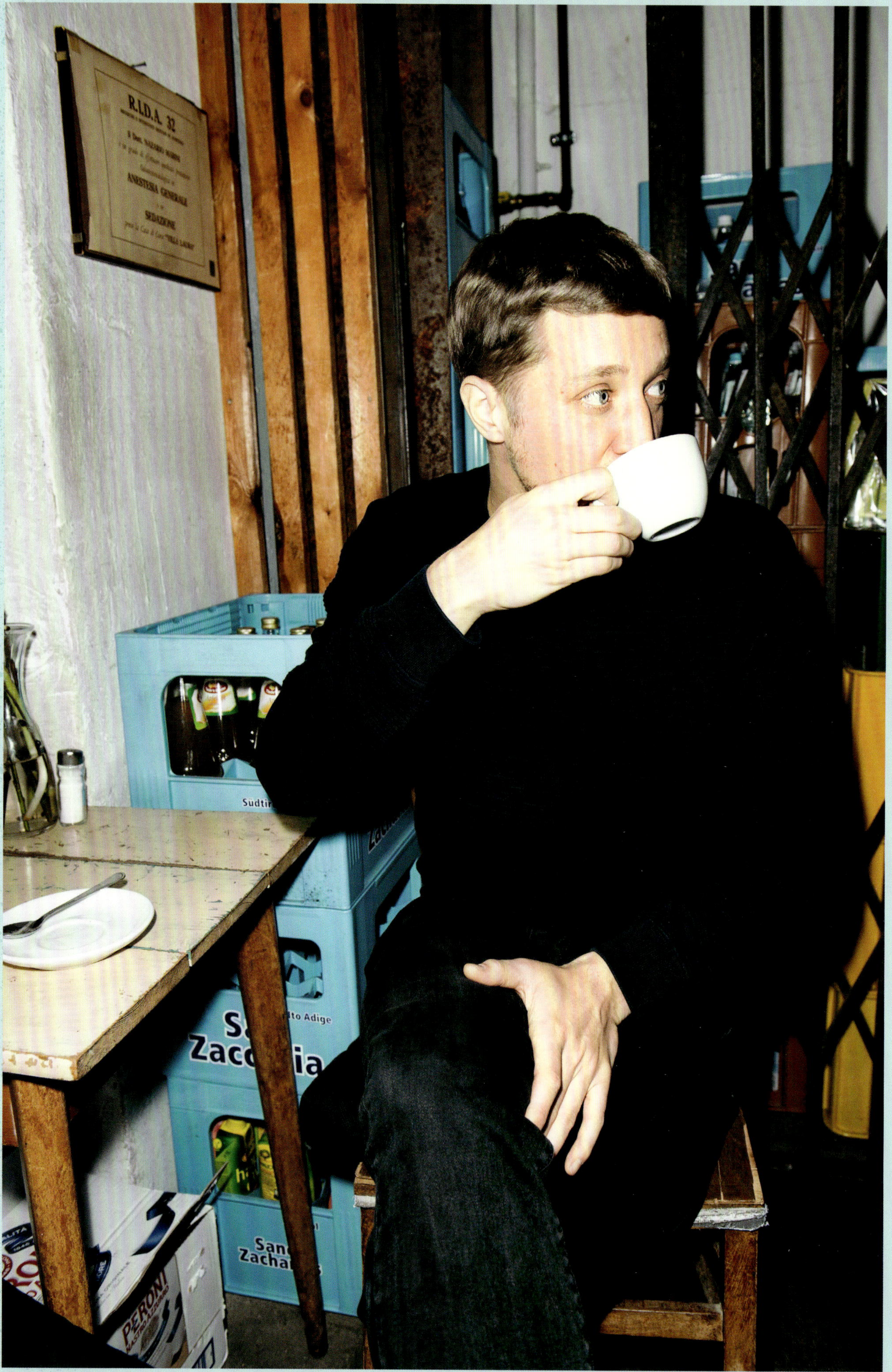
R.I.D.A. 32
ANESTESIA GENERALE
SEDAZIONE
PERONI

MAECKES

Maeckes mag Marillenknödel, produziert verkopfte Rapsongs, tourt mit seiner Gitarre durch Deutschland und macht mit seiner Band »Die Orsons« gerne Quatsch. Er gehört zu den poetischsten Rappern des Landes, beweist viel Witz und intelligenten Humor. Beim Essen mag es Maeckes aber lieber pragmatisch – und für Restaurantbesuche hat er immer einen guten Trick.

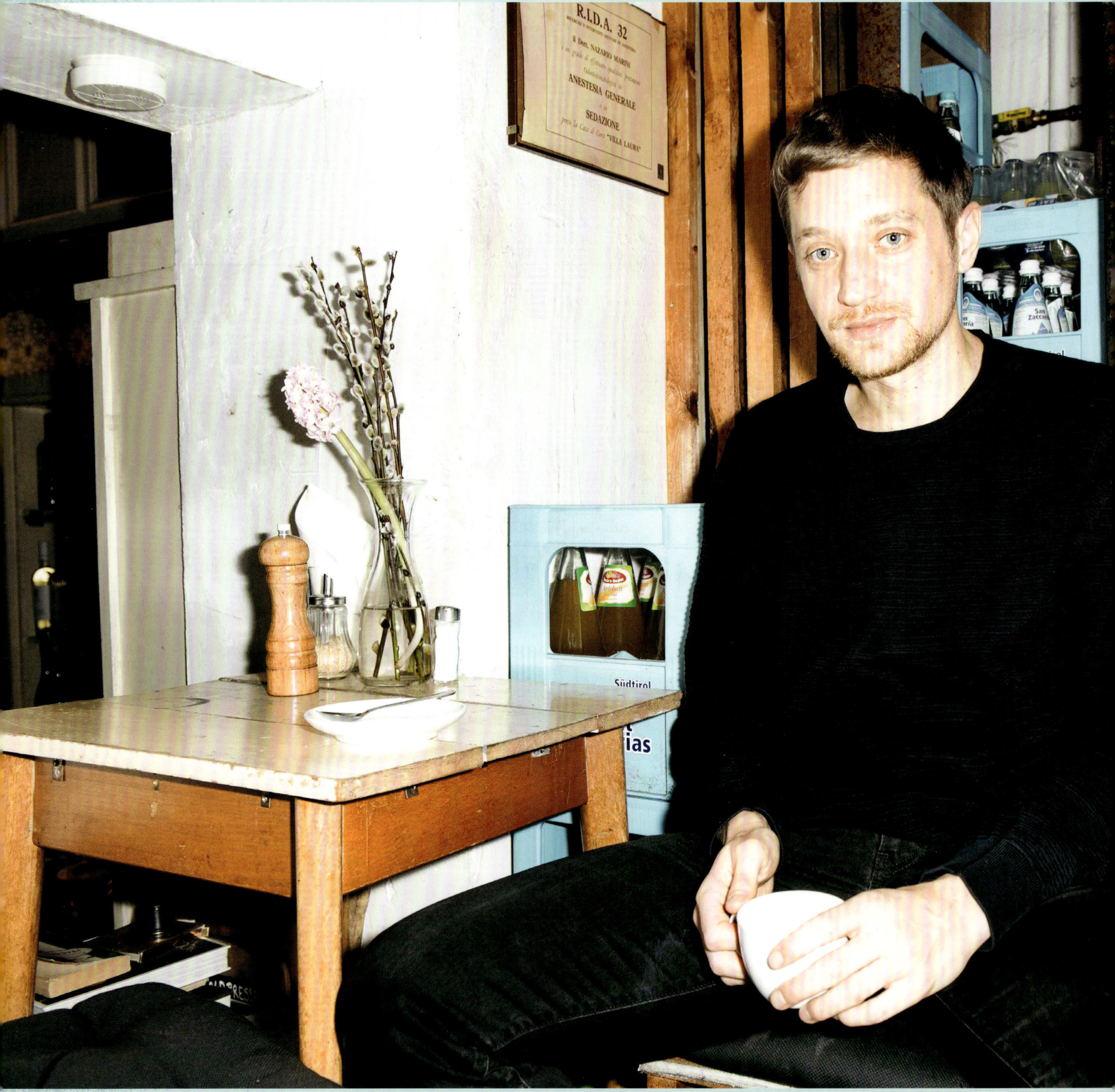
R.I.D.A. 32
ANESTESIA GENERALE
SEDAZIONE
Südtirol

"DIE SAUCE ZUM BRATEN WAR DER GRÖSSTE KULTURELLE CLASH.

Maeckes hat Glück. Seine Band »Die Orsons« hat vier Mitglieder – neben ihm Tua, Kaas und Bartek –, und zwei davon haben meistens Lust aufs Kochen. Maeckes ist, wenn es ums Essen geht, eher der Nutznießer im Bandgefüge. Wobei die Lieblingsgerichte seiner Kindheit, die er teilweise in Österreich verbrachte, eigentlich einfach und schnell zu machen wären. Nach dem Fußballspielen gab's damals die Klassiker: Marillenknödel, Germknödel oder Kaiserschmarrn. Später zog Maeckes mit seiner Familie nach Stuttgart. Dort wurde plötzlich – anders als in Österreich – Sauce zum Braten gereicht, und bei Freunden standen Maultaschen auf dem Tisch. »Das war der größte kulturelle Clash«, sagt Maeckes mit einem Augenzwinkern und grinst. Neben Saucenvariationen gab es in Stuttgart aber vor allem eine in ganz Deutschland beachtete Rapszene – und auch Maeckes wurde angefixt. Seitdem ist viel passiert.

Zusammen mit seiner Ex-Freundin, der Sängerin Celina, verarbeitete Maeckes auf einem Album die gescheiterte Beziehung. Mit seinem Orsons-Kollegen Plan B, der sich heute Bartek nennt, führte Maeckes ein Rap-Theaterstück auf. Er ging auf Gitarrentour und schrieb verkopfte Solosongs mit sperrigen Beats, die surrten und zischten, und veröffentlichte sie, zu Alben gebündelt, beim Cro-Label »Chimperator«. Maeckes' Solomusik hörten und hören vor allem Musik-Nerds. Doch dann sind da noch Die Orsons: Die »Rap-Boyband« ist das erfolgreichste Projekt, an dem Maeckes beteiligt ist. Mit Songs wie »Horst und Monika«, in dem es um die Transformation eines strammen Nazis zu einer Frau geht, landeten sie Hits. Die Orsons haben Witz, sind aber keine Klamauk-Kapelle; ihre Produktionen sind dem Zeitgeist oft voraus, und ihr Humor ist intelligent.

Wenn die Gruppe auf Tour ist, gehen die vier auch oft essen. Maeckes verrät seinen Trick, wenn er sich nicht entscheiden kann: »Ich bestelle dann das nach dem Restaurant benannte Gericht auf der Karte.« Vor allem beim Griechen sei das manchmal ziemlich »nasty«, wenn plötzlich die riesige Rhodos-Platte oder der überdimensionale Athen-Teller vor einem steht. Aber immerhin: »Besser als selber zu kochen.«

MARILLENKNÖDEL

Für 4 Portionen

140 g Butter
2 Eier
500 g Magerquark
280 g Mehl, glatt
8 Marillen (oder Aprikosen)
8 Stck. Würfelzucker
Spekulatius (oder Cantuccini; nach Belieben)
Puderzucker (oder Zimtzucker; nach Belieben)
Salz

1 Die Butter mit den Eiern schaumig rühren, danach den Quark, das Mehl und etwas Salz unterkneten. Die Marillen entkernen und je ein Stück Würfelzucker hineingeben. Dann den Teig in acht Teile trennen, mit bemehlten Händen flach drücken und die Marillen gleichmäßig und vollständig mit dem Teig umhüllen.

2 Die Knödel in reichlich Salzwasser schwach siedend etwa 15 Minuten gar kochen. In der Zwischenzeit den Spekulatius (oder die Cantuccini) klein bröseln und die fertigen Knödel darin wälzen. Nach Belieben mit Puderzucker oder Zimtzucker bestreuen und servieren.

Unser Gespräch fand im Salumeria Lamuri statt.

RESTAURANT-TIPPS
IXTHYS, *Berlin*
FELIX AUSTRIA, *Berlin*
GASTHAUS ALT WIEN, *Berlin*
LA BRUSCHETTA, *Stuttgart*
CLAUS – PALAIS-ROYAL, *Paris, Frankreich*

GERMKNÖDEL
MIT MOHNTOPPING

Für 6 große Knödel

KNÖDEL

120 ml Milch
10 g Hefe
250 g Mehl
30 g Zucker
Mark einer ½ Vanilleschote
1 Eigelb
abgeriebene Schale einer ½ unbehandelten Zitrone
40 g weiche Butter
Mehl für die Arbeitsfläche
1 TL Salz

MOHNTOPPING

250 g Butter
100 g gemahlener Mohn
100 g Puderzucker

1 Die Milch erwärmen, die Hefe zerbröseln und sie in der Hälfte der Milch auflösen. 2 EL Mehl unterrühren und das Ganze zugedeckt etwa 15 Minuten an einem warmen Ort gehen lassen.

2 Das restliche Mehl in eine Schüssel sieben. Die zweite Hälfte der lauwarmen Milch mit dem Zucker, dem Vanillemark, einem ½ Teelöffel Salz, dem Eigelb und der Zitronenschale verrühren. Die Masse zum Mehl in die Schüssel geben, den Teig vom Anfang ebenfalls hinzugeben und alles zu einem geschmeidigen Teig verkneten.

3 Dann die weiche Butter zugeben und so lange kräftig unterkneten, bis der Teig nicht mehr klebt. Den Teig in eine warme Schüssel legen und zugedeckt an einem warmen Ort gehen lassen, bis sich sein Volumen verdoppelt hat. Ausreichendes Gehen-Lassen ist unbedingt nötig, damit die Germknödel schön fluffig werden.

4 Den Teig dann erneut durchkneten, in sieben gleich große Portionen teilen und jeweils zu einer Kugel formen. Die Kugeln mit dem Teigschluss (also mit der »Nahtstelle«) nach unten auf ein bemehltes Brett setzen und, mit einem Tuch abgedeckt, noch einmal gehen lassen, bis sie wiederum fast doppelt so groß geworden sind.

5 In einem großen Topf Wasser mit einem ½ Teelöffel Salz zum Kochen bringen und die Knödel einlegen. Den Deckel schräg auflegen. Nach dem Aufkochen nicht mehr kochen, sondern nur noch ziehen lassen. Nach 10 Minuten die Knödel vorsichtig wenden und weitere 5–7 Minuten ziehen lassen. Die Knödel dann mit einer Schaumkelle oder einem Sieb aus dem Wasser holen.

6 Für das Mohntopping die Butter zerlassen und sie mit dem Mohn und dem Puderzucker vermischen. Die Germknödel dann auf einem Teller oder auf einer Platte anrichten, mit dem Mohntopping bestreuen und schließlich servieren.

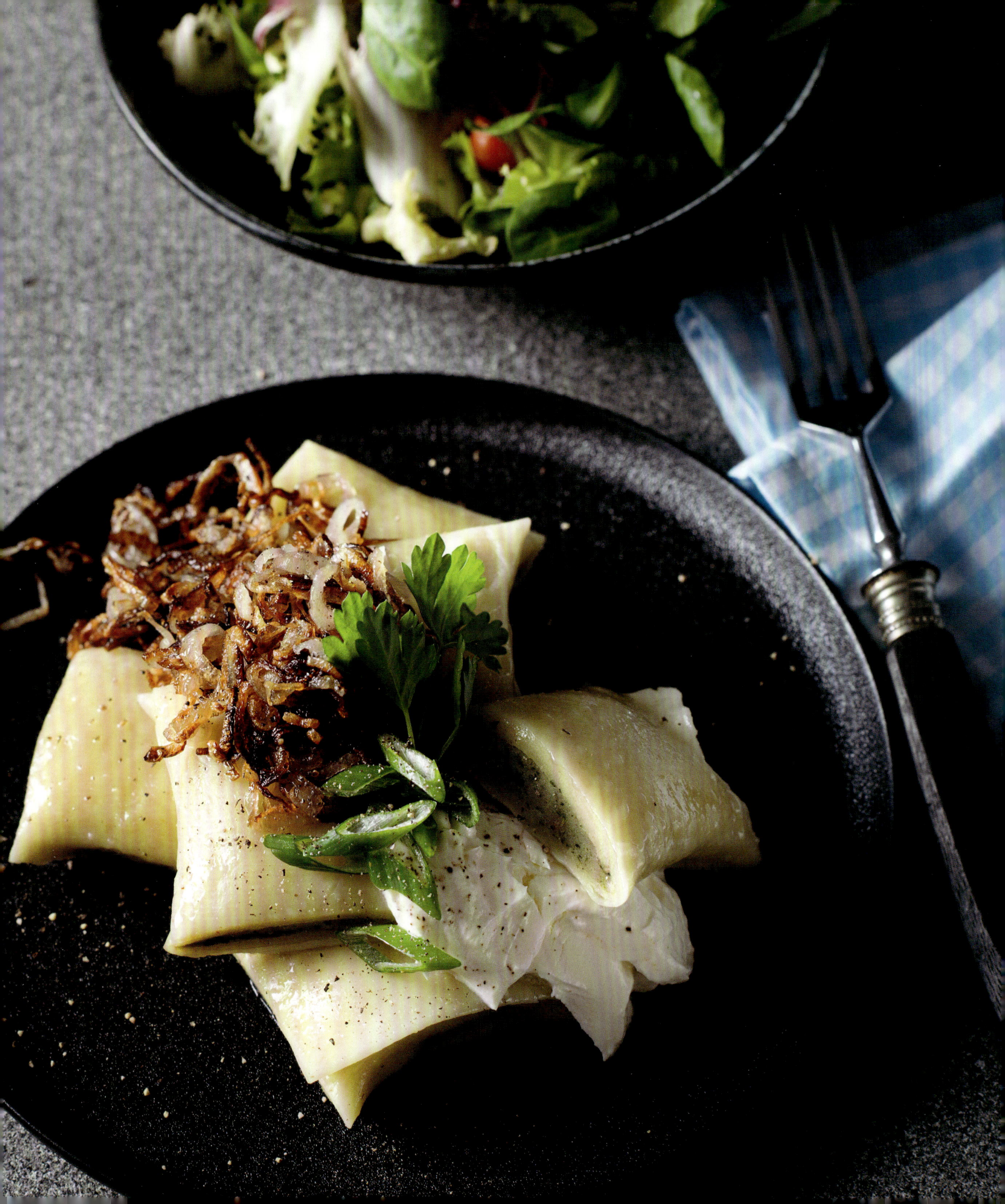

MAULTASCHEN

Für 4 Portionen

TEIG
500 g Mehl
4 Eier (Größe L)
ggf. etwas Wasser
1 TL Salz

FÜLLUNG
250 g Spinat, tiefgekühlt oder frisch
250 g gemischtes Hackfleisch
250 g Brät (z. B. rohe grobe Bratwurst)
1 Ei
1 Prise Muskat (nach Belieben)
Semmelbrösel zum Binden
Salz, frisch gemahlener Pfeffer

AUSSERDEM
Brühe zum Garen

1 Aus den Zutaten für den Teig zunächst einen Nudelteig kneten. Je nach Größe der Eier muss ggf. etwas Mehl oder Wasser zugegeben werden, bis die Teigkonsistenz stimmt. Der Teig ist direkt nach dem Kneten sehr fest und ledrig, er darf auf keinen Fall kleben. Den fertigen Teig in Klarsichtfolie einschlagen und an einem kühlen Ort mindestens 30 Minuten ruhen lassen.

2 Für Maultaschen wird der Nudelteil dann etwas dicker ausgerollt als für Nudeln, (mit der Nudelmaschine ca. auf Stufe 4), sodass er noch gut und stabil zu verarbeiten ist.

3 Für die Füllung den frischen Spinat blanchieren und fein schneiden oder hacken; Tiefkühlspinat auftauen und abtropfen lassen. Den Spinat dann mit dem Hackfleisch, dem Brät und dem Ei verkneten. Nach Belieben mit Salz, frischem Pfeffer und einer Prise Muskat abschmecken. Nach Bedarf mit Semmelbröseln anbinden, bis die Füllung eine feste, geschmeidige Konsistenz hat.

4 Zum Füllen und Formen der Maultaschen gibt es verschiedene Möglichkeiten; die vielleicht einfachste ist die gerollte Variante. Dafür die Füllung einen knappen Zentimeter dick auf eine längliche Teigplatte (etwa 5 cm x 15–20 cm) aufstreichen. Dabei zur langen Seite 1 cm und zum Ende etwa 5 cm frei lassen. Die Teigbahn dann vom bestrichenen Ende her etwa 5 cm einklappen, 2- bis 3-mal umschlagen und mit dem freien Ende und etwas Wasser verschließen. Seitlich die Füllung mit Wasser und etwas Druck ebenfalls gut einschließen.

5 Zur Weiterverarbeitung werden die Maultaschen zunächst gekocht. Dazu die Maultaschen – je nach Größe – 7–12 Minuten in Brühe garen. Danach können sie klassisch als Suppeneinlage serviert werden – oder sie werden wie gekaufte Ware weiterverarbeitet; in Butter und etwas Öl, mit krossen Zwiebeln, als geschmälzte Maultaschen.

TIPP
Der Teig kann generell auch schon am Vortag vorbereitet werden. Die Maultaschen können zudem sehr gut in großer Menge vorproduziert und im rohen Zustand eingefroren werden.

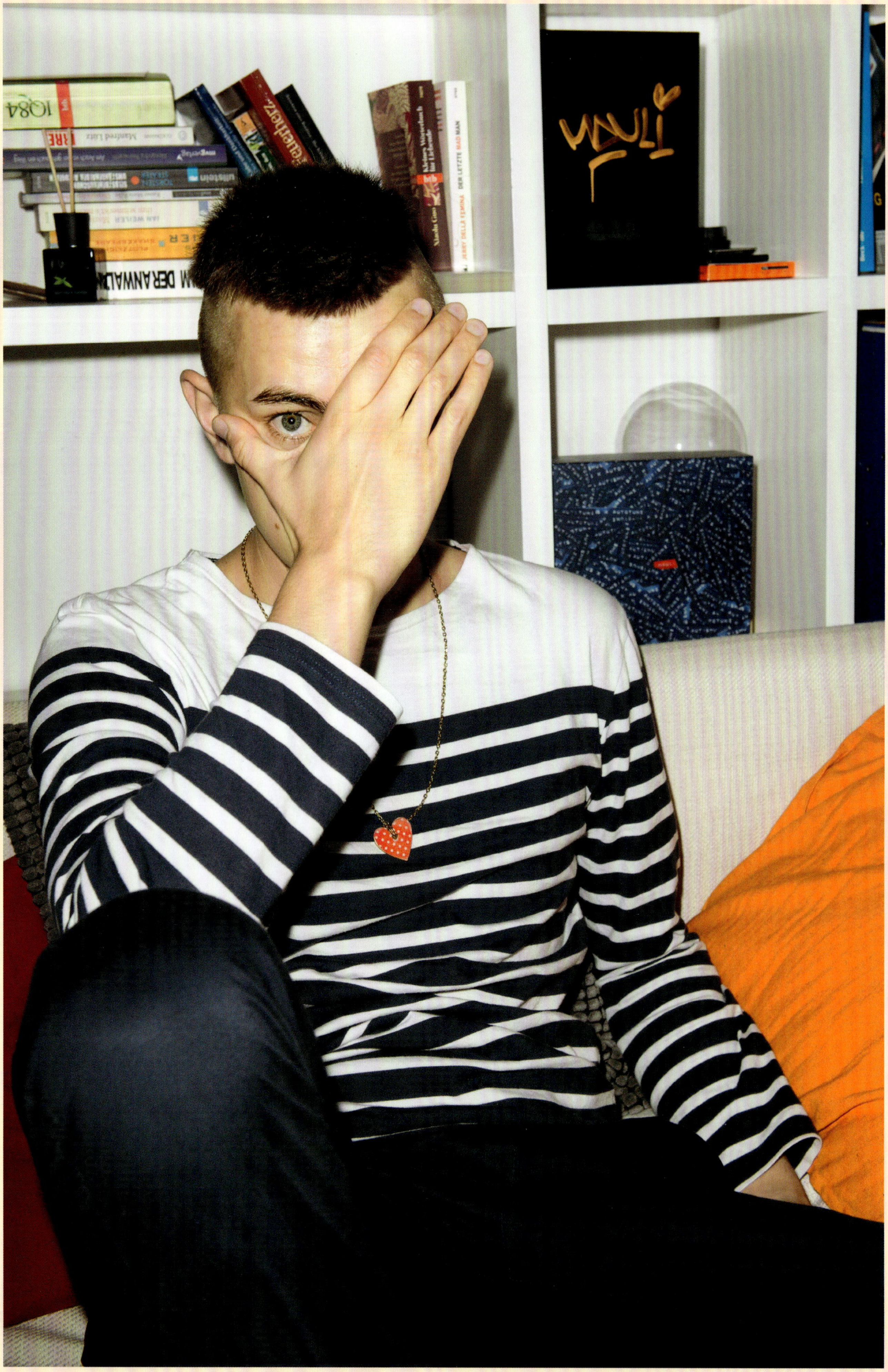
Manfred Lütz
ullstein
DER LETZTE MAD MAN

MAULI

Im Videobattleturnier im Internet und auf seinem ersten Album hat sich Mauli mächtig über die Szene lustig gemacht. Mittlerweile konzentriert er sich ganz darauf, seinen Sound möglichst futuristisch klingen zu lassen. An seinen Songs frickelt er ewig – beim Kochen bleibt er lieber pragmatisch. Und beim Einkaufen lässt er gerne mal was mitgehen.

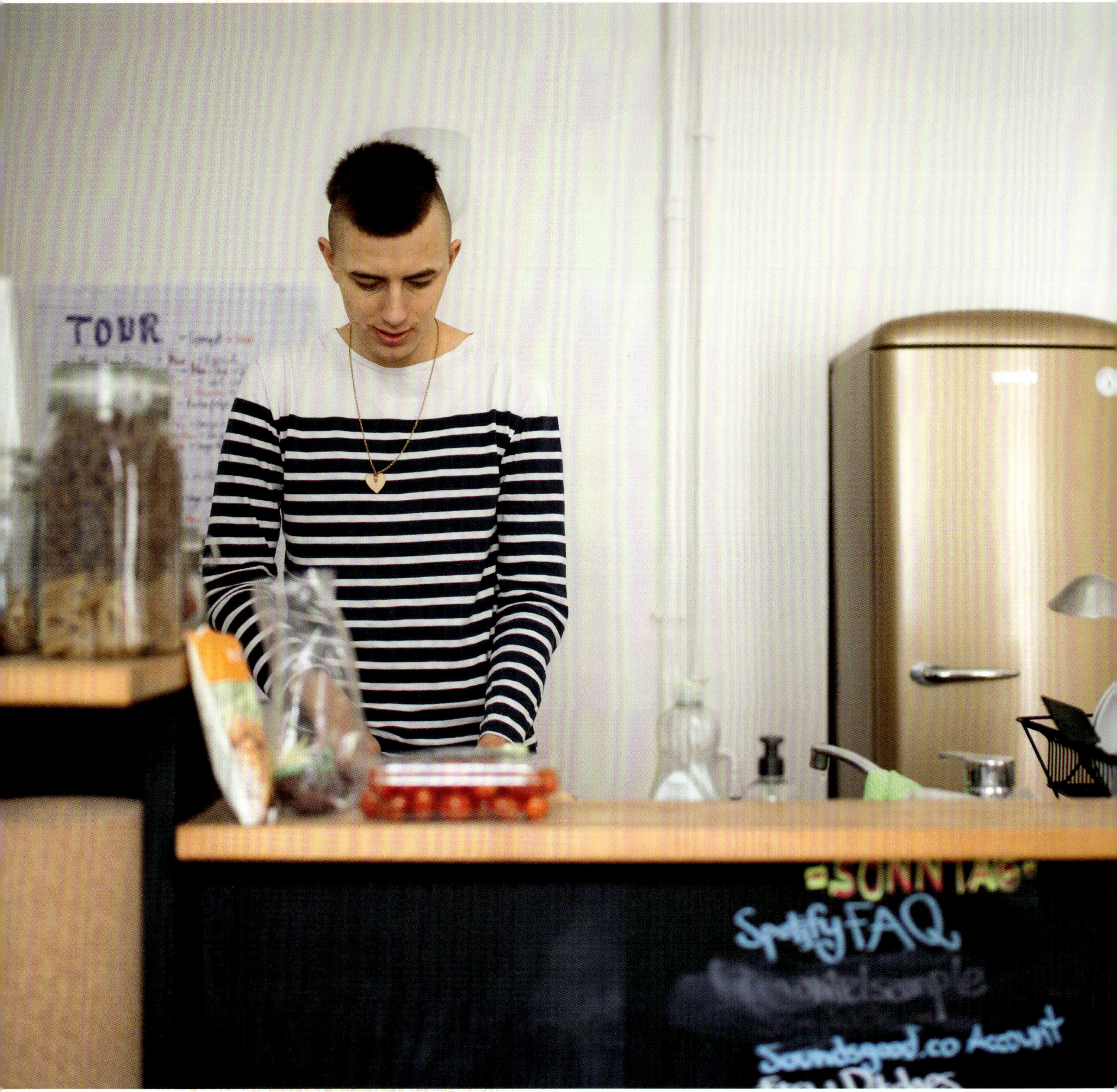
TOUR
Spotify FAQ
Soundgood.co Account

Mauli war für kurze Zeit der »Spielverderber« der deutschen Rapszene. So hieß sein Debütalbum von 2015, auf dem er jede Menge Seitenhiebe an in seinen Augen untalentierte deutsche Rapper verteilte. Die Lyrics wirkten wie Freestyles, unterlegt mit futuristischen Sounds. Maulis Stimme war vom Autotune-Effekt manipuliert und klang roboterhaft. Die Inhalte waren aufs Wesentliche reduziert und immer auf den Punkt. Irgendwie passt das damalige Album heute noch zu Maulis Kochstil. Der wirkt auf den ersten Blick pragmatisch, weil Mauli mit den Details nicht rumprotzt. »Ich habe wenige Rezepte, freestyle meistens«, sagt er, als wir ihn in seiner Wohnung besuchen. Er kocht veganes Curry für uns. Vor knapp einem Jahr hat er damit aufgehört, Fleisch zu essen. Das sei eben so passiert. »Es hatte auch mit einem Thailand-Urlaub zu tun«, sagt er. »Dort hingen an Ständen so absurde Sachen wie Büffelbeine rum, und ich wollte einfach nichts vom Scheißbein eines Büffels essen.« Seitdem sind eher Bekannte die Spielverderber, wenn sie ihm die fleischlosen Mahlzeiten zum Vorwurf machen. Mauli äfft ein paar Kommentare nach und lacht danach. Wenn er etwas sagt, dann grinst er dabei meistens und hat oft einen ironischen Unterton; egal, ob es um Essen geht oder um seine Musik. »Dreizehn Uhr, ich klau' mir irgendeine Scheiße. Könnt bezahl'n, doch das Gefühl ist nicht das gleiche«, rappt Mauli auf dem Song »Klepto«. Er ist Teil des 2018 erschienenen Albums »Autismus & Autotune«. Davon wiederum lässt sich eine von Maulis wichtigsten Regeln ableiten. Er sagt: »Geklautes Essen schmeckt am besten.«

Früher, sagt er, da hätte er immer kurz im Laden um die Ecke vorbeigeschaut, hätte sich zwei Mangos »eingesteckt« und sei dann ins Studio gegangen. Das Studio in einer Wohnung in Westberlin existiert nicht mehr; mittlerweile arbeitet Mauli an seinen Songs zu Hause, oder er mietet sich mit befreundeten Künstlern irgendwo ein Appartement als Studio. Jetzt steht Mauli vor seiner Kochzeile, die ins Wohnzimmer integriert ist, und greift nach einer Chilimühle. Die habe er irgendwann mal in Österreich mitgehen lassen, und seitdem nutze er sie für fast jede Mahlzeit. »Die hat alles revolutioniert!« Mauli war immer Berliner, ist dort aufgewachsen

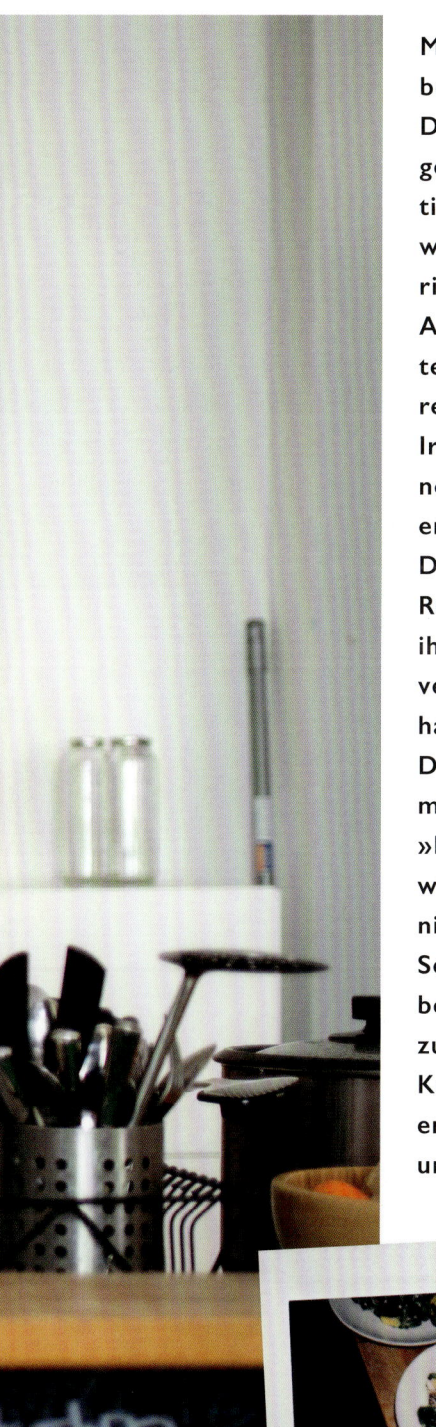

Unser Gespräch fand zuhause bei Mauli statt.

„GEKLAUTES ESSEN SCHMECKT AM BESTEN.

und geblieben. Früher lebte er in Friedrichshain, als das noch kein Vergnügungsviertel für Erasmusstudenten war. Heute gibt es dort so viele Restaurants jeglicher Art, dass es schwer ist, den Überblick zu behalten. »Als ich ein Kind war, sind wir vielleicht mal in einer Pizzeria gewesen. Viel mehr Auswahl gab es damals nicht.« Um neues Essen kennenzulernen, geht Mauli aber nicht zurück ins Viertel seiner Kindheit. Er reist lieber. Deshalb weiß er auch: »In Thailand sollte man immer dort essen gehen, wo Plastikstühle und irgendeine Coca-Cola-Werbung draußen stehen. In den kleinen Läden ist es meistens viel besser als in Restaurants mit Tripadvisor-Eulen an der Tür.«

Bei einer Reise hat Mauli auch seine aktuelle Lieblingszutat entdeckt. Er hat immer wieder Phasen, in denen er sich auf bestimmte Lebensmittel fixiert und sie dann fast täglich isst. Er nennt es seine »Hypes«. Gerade sind Jungzwiebeln der Hype. Ein Trip nach Zypern ist schuld: »Dort gab es so viel Frittiertes und Fleisch, aber wir wollten gesund kochen«, sagt er. »Die Zwiebeln waren dort so krass, man konnte sie einfach so essen.« In Deutschland kämen am ehesten Jungzwiebeln an die in Zypern ran.

Jetzt konzentriert sich Mauli aber erst mal auf eine andere Leidenschaft: Er setzt sich an seinen Computer und bereitet seine Radioshow »Die wundersame Rapwoche« vor, die einmal in der Woche läuft. Wir essen ganz pragmatisch weiter – hier ist niemand ein Spielverderber.

Unser Gespräch fand zuhause bei Mauli statt.

RESTAURANT-TIPPS
SAMAKKI TALAD THAI, Berlin
PAPAYA, Berlin
SAHARA IMBISS, Berlin
RESTAURANT GÜL, Berlin
SADHU, Berlin

KARTOFFEL-ZUCCHINI-PUFFER
MIT JOGHURTDIP

Für 4 Portionen

PUFFER
500 g Zucchini
1 kg Kartoffeln, mehlig kochend
200 g große rote Zwiebeln
10 EL Dinkelmehl (oder Kichererbsenmehl)
8 Eier
Rapsöl zum Braten
Salz, Pfeffer

DIP
250 ml Naturjoghurt
1 Jungknoblauch
½ Gurke, gerieben
Salz, Pfeffer

1 Zucchini, Kartoffeln und Zwiebeln auf einer Reibe grob reiben. In eine mit einem Tuch ausgelegte Schüssel geben und mit Salz und Pfeffer würzen. Alles gut durchmischen und 15 Minuten stehen lassen. Das Tuch dann zu einem Beutel formen und die Masse auswringen; dabei so viel Feuchtigkeit wie möglich durch das Tuch pressen. Die Masse aus dem Tuch in eine Schüssel geben, das Dinkelmehl und die Eier hinzugeben und gut vermengen. Wenn nötig mehr Mehl oder – bei zu trockener Konsistenz – noch ein Ei hinzufügen, bis eine klebrige Konsistenz entsteht.

2 Rapsöl in eine Pfanne geben und runde, nicht zu dicke Kartoffelpuffer formen. Die Puffer bei mittlerer Hitze goldbraun braten.

3 In der Zwischenzeit die Zutaten für den Dip vermengen und mit Salz und Pfeffer abschmecken. Die Kartoffel-Zucchini-Puffer nach dem Braten kurz mit Küchenpapier entfetten und mit dem Joghurt-Dip servieren.

MELONEN-FETA-SALAT

Für 4 Portionen

1 Wassermelone (fußballgroß)
500 g Feta
500 g Rucola
3 EL Honig
½ Limette

1 Das Fruchtfleisch der Wassermelone herausschneiden und in 1 ½ cm große Würfel zerteilen. So gut es geht, von dunklen Kernen befreien. Den Feta zerbröseln oder auf gleiche Größe wie die Melonenwürfel schneiden und zusammen mit der Melone in eine Schüssel geben. Rucola waschen und von den bitteren Stielenden befreien, dann zur Melone und dem Feta geben. Den Honig mit dem Saft der ½ Limette verdünnen und in die Schüssel gießen. Alles mischen und sofort servieren, bevor der Rucola zusammenfällt.

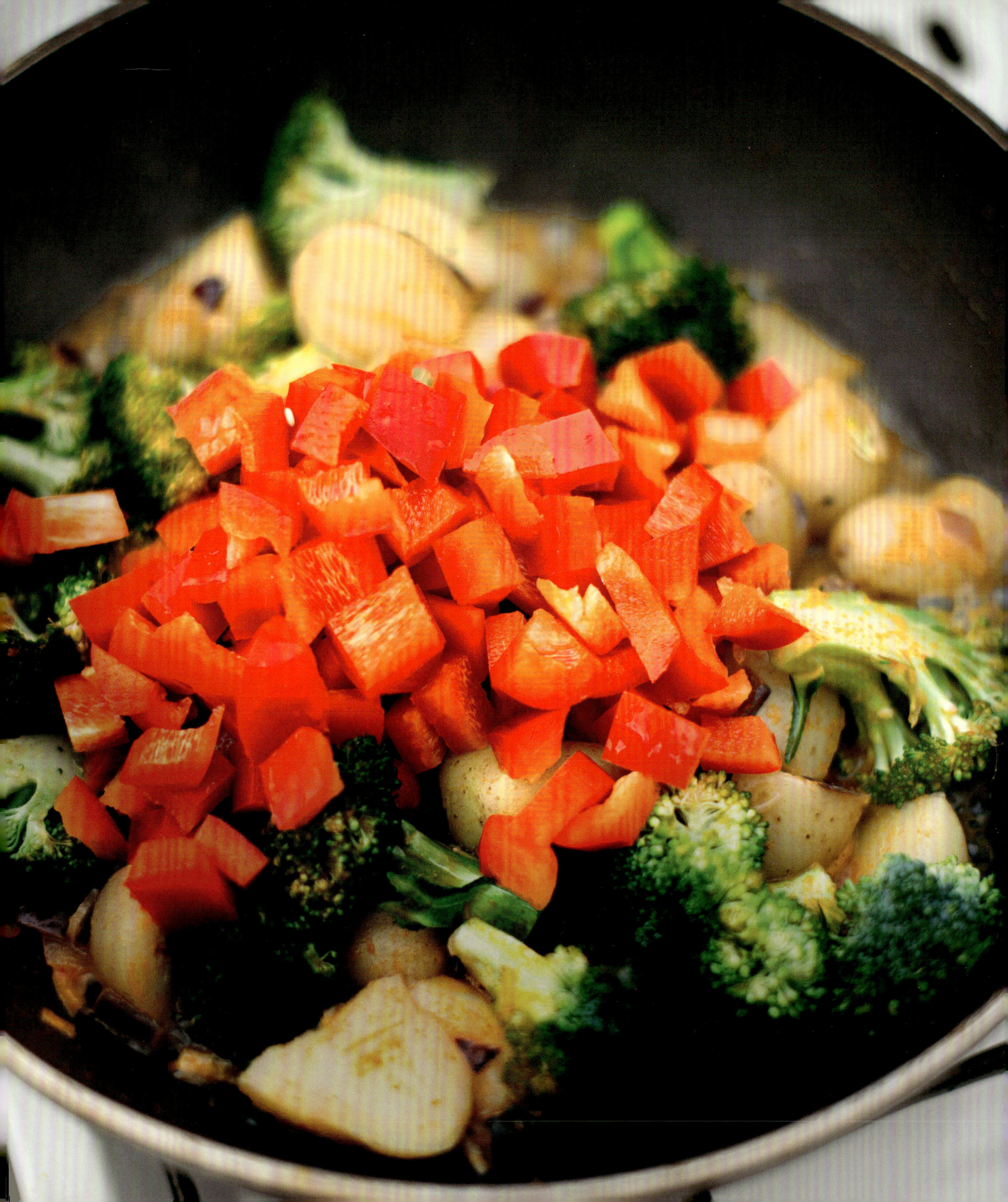

GEMÜSECURRY

> **Für 4 Portionen**

100 g Ingwer
2 Knoblauchzehen
3 Paprika (je einmal rot, gelb und grün)
500 g Brokkoli
2 Zwiebeln
500 g Kartoffeln
2 EL Kokosöl
1 EL Currypaste (rot, gelb oder grün)
500 ml Kokosmilch
100 ml helle Sojasauce
2 Limettenblätter
1 kleine Dose gewürfelte Tomaten

1 Ingwer und Knoblauch so fein wie möglich hacken und das restliche Gemüse in ca. 2 cm große Stücke schneiden. Die Kartoffelwürfel in Salzwasser halb gar kochen und parallel dazu Ingwer, Knoblauch und Zwiebeln in einer Pfanne oder einem Wok mit Kokosöl anbraten. Die Currypaste dazugeben und 2–3 Minuten mitbraten.

2 Die Kartoffelwürfel abgießen, zu dem anderen Gemüse in die Pfanne oder den Wok geben und kurz mitbraten. Die Gemüsemischung mit Kokosmilch und Sojasauce auffüllen und die Limettenblätter dazugeben. Köcheln lassen, bis alles gar ist. Die gewürfelten Tomaten aus der Dose kurz vor dem Servieren in das Curry geben und am besten zusammen mit Reis servieren.

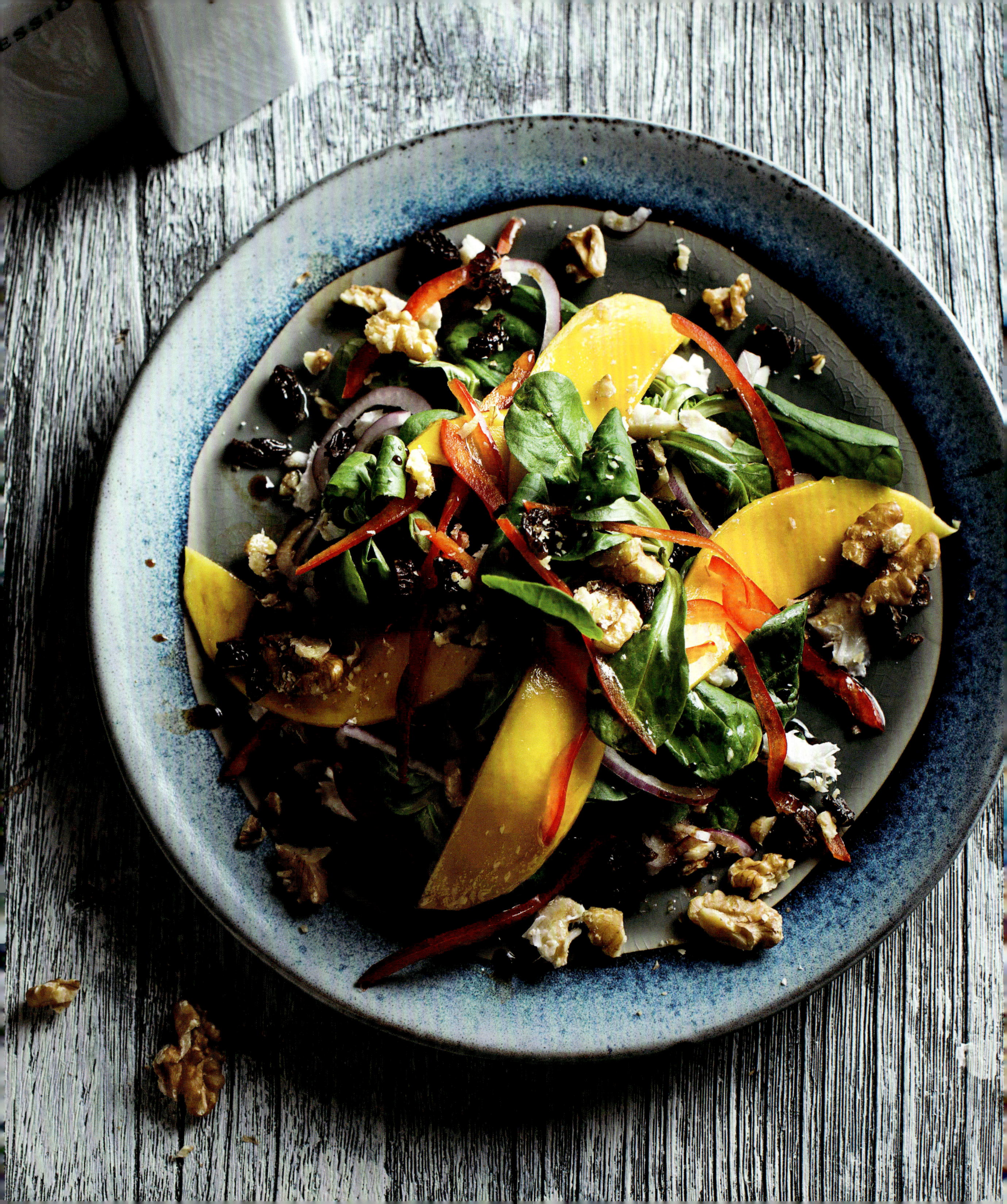

MANGO-FELDSALAT

Für 4 Portionen

500 g Feldsalat
2 Mangos
12 getrocknete Datteln
400 g Feta
100 g Walnusskerne
2 rote Zwiebeln
1 EL Honig
4 EL Balsamico
100 ml Olivenöl
Salz, Pfeffer

1 Den Feldsalat waschen, die Mangos schälen und das Fruchtfleisch in dünne Spalten schneiden. Datteln und Feta in kleine Würfel schneiden, die Walnusskerne rösten und hacken und die roten Zwiebeln in ganz feine halbe Ringe schneiden.

2 Honig, Balsamico, Olivenöl, Salz und Pfeffer zu einer Marinade für den Feldsalat vermengen. Den Salat in einer Schüssel damit marinieren und auf Tellern anrichten. Mangospalten, Feta, Walnusskerne und die Zwiebelstreifen auf den marinierten Feldsalat geben und servieren.

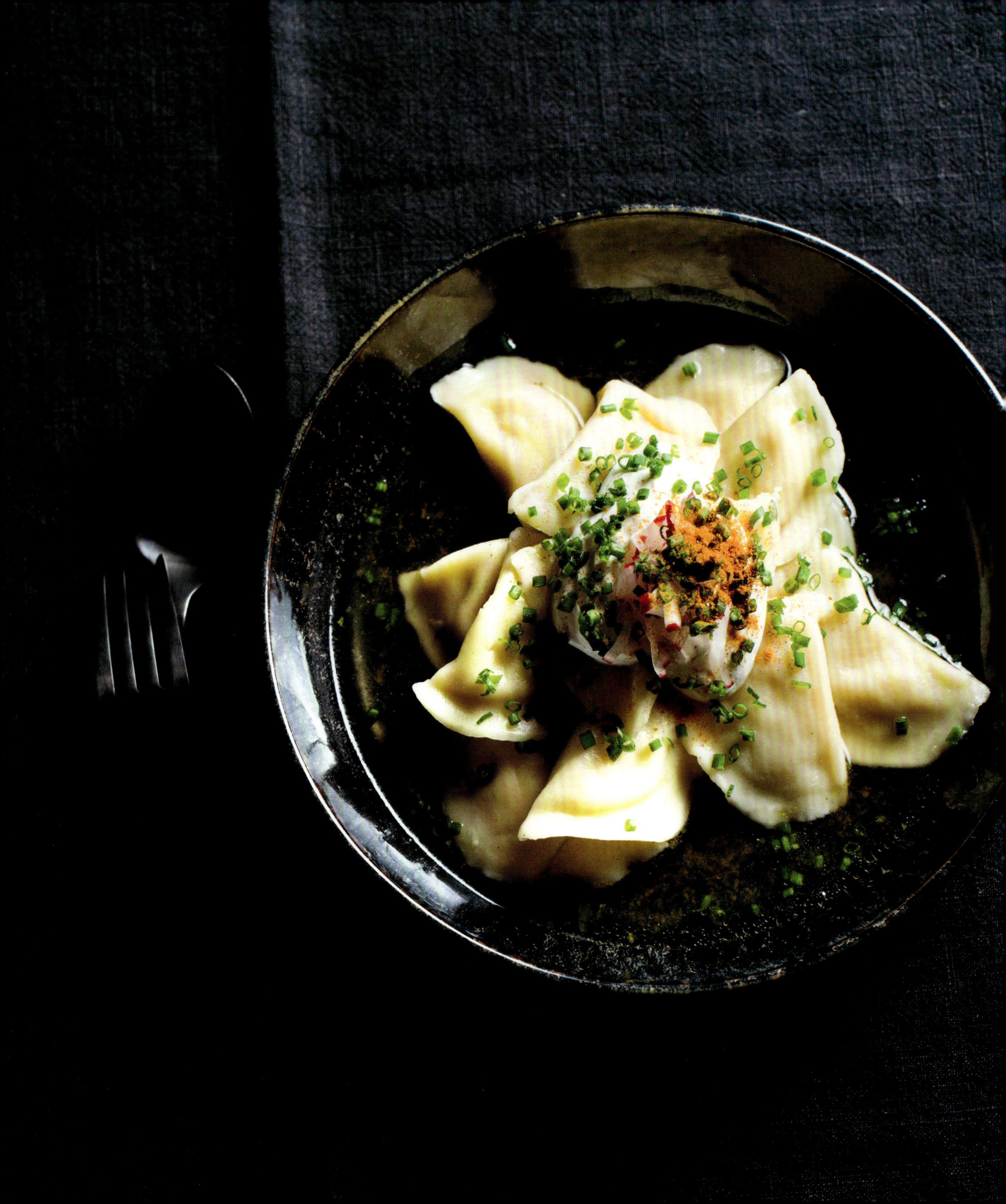

VARENIKI

Für 4 Portionen

TEIG
1 ½ kg Mehl
6 Eier
½ TL Salz
200 ml Wasser

FÜLLUNG
500 g Kartoffeln
250 g braune Champignons
250 g Zwiebeln
2 EL Sonnenblumenöl
Muskat (nach Belieben)
Salz

AUSSERDEM
2 Lorbeerblätter
50 g Sauerrahm
½ Bund Schnittlauch

1 Aus dem Mehl, den Eiern und dem Salz einen Nudelteig herstellen; das Wasser dabei langsam nach und nach hinzugeben. Den Teig zugedeckt für 30 Minuten in einer Schüssel ruhen lassen.

2 Für die Füllung die Kartoffeln mit der Schale gar kochen, dann pellen und stampfen. Champignons und Zwiebeln klein würfeln und auf mittlerer Stufe in Sonnenblumenöl anbraten. Darauf achten, dass sich die Zwiebeln goldbraun färben, aber nicht anbrennen. Pilze und Zwiebeln heiß über das Kartoffelpüree geben, gut verrühren und mit Salz und Muskat abschmecken.

3 Den Teig dünn ausrollen und mit einem großen bemehlten Glas Kreise ausstechen. Dann jeweils etwas Füllung in die Mitte der Kreise setzen, den Teig zusammenklappen und die Ränder fest zusammendrücken. Wasser mit 2 Lorbeerblättern in einem großen Topf zum Kochen bringen, die Vareniki vorsichtig hineingleiten lassen und etwa 5 Minuten im leicht siedenden Wasser gar ziehen lassen, bis sie oben schwimmen.

4 Mit ein wenig vom Kochwasser anrichten, mit Sauerrahm und Schnittlauch garnieren und servieren.

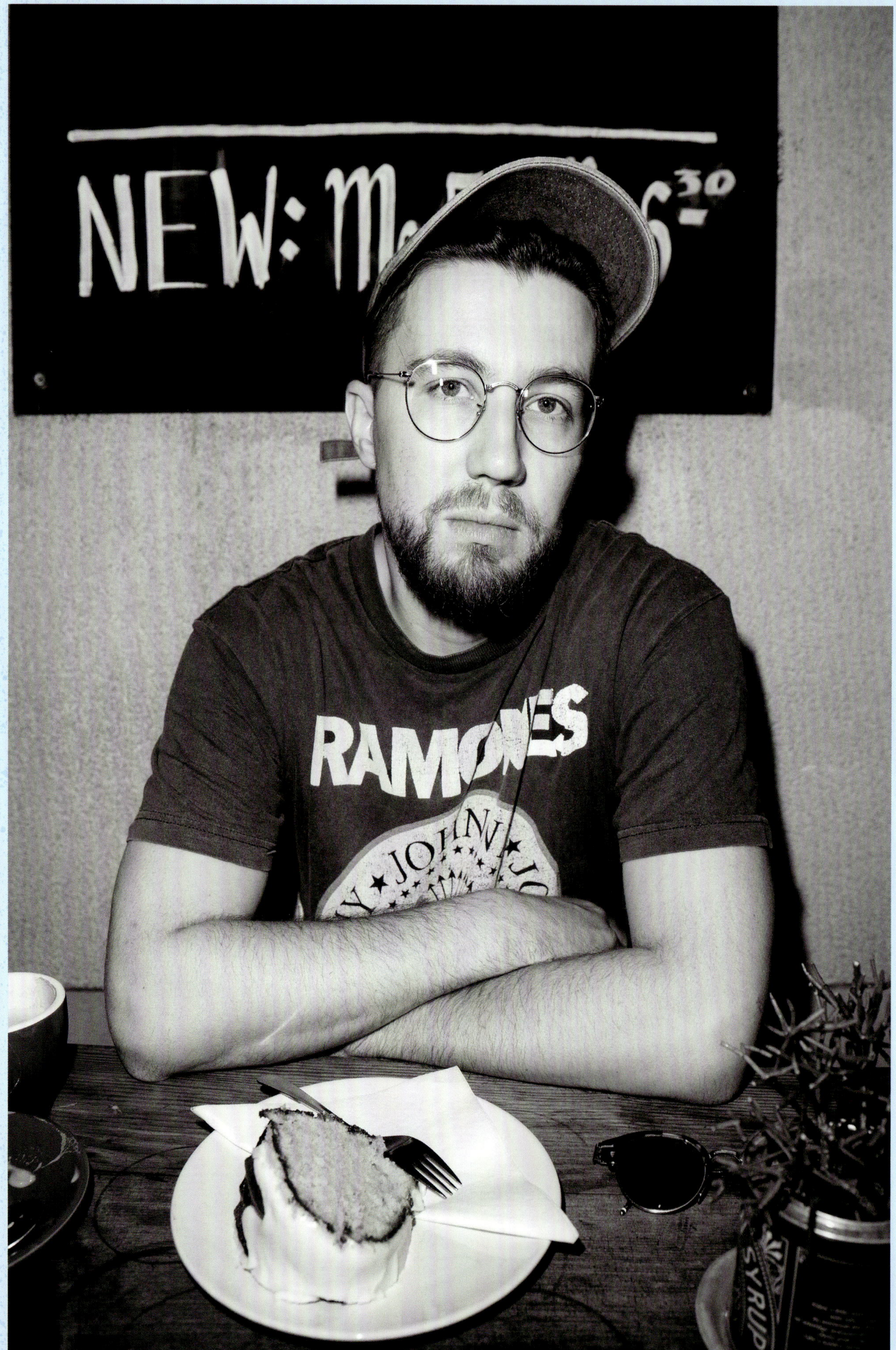
NEW:
RAMONES
SYRUP

PRINZ PI

Prinz Pi war schon immer ein Rapper, bei dessen Texten der Hörer um die Ecke denken musste. Auch als er noch »Prinz Porno« hieß und die Westberliner Rapszene aufmischte. Heute denkt er beim Kochen um die Ecke – und begeistert seine Kinder und sich selbst mit immer neuen Rezepten.

> „MIT DEM ESSEN IST ES WIE MIT AUTOS. ES MUSS WAS BESONDERES BLEIBEN.

RESTAURANT-TIPPS
JOYNES KITCHEN, *Berlin*
CHEZ FRITZ, *München*
RISTORANTE MASANIELLO, *Berlin*
PALAIS COBURG, *Wien, Österreich*
FADI FOOD, *Berlin*

Unser Gespräch fand im Katies Blue Cat statt.

Prinz Pi war schon immer ein bisschen stilsicherer als andere Rapper. Er legt Wert auf Gutes und Ästhetisches: auf guten Espresso, gutes Gemüse und auf gute Gerichte. Doch im Gespräch offenbart er uns, dass er trotzdem »trashiges Essen« mag. »Ich finde Tütensuppen zum Beispiel total geil, oder klassische Burger«, erzählt er. Außerdem findet Pi: »Wer sich permanent das hochwertigste Essen reinfährt, der weiß es irgendwann doch gar nicht mehr zu schätzen.« Das sei wie mit Autos, erklärt er uns: »Wenn du unter der Woche mit deinem normalen Auto rumfährst und nur am Wochenende den Sportwagen zelebrierst, dann bleibt er etwas Besonderes.« Zum Frühstücken in Kreuzberg ist er diesmal mit seinem Ferrari gekommen.

Prinz Pi hat erst mit Ende zwanzig damit angefangen, viel zu kochen. Vorher arbeitete er an seiner Rapkarriere. Ab Ende der 90er-Jahre veröffentlichte er Battlerap, der immer auch gesellschaftskritisch war. In der damals ziemlich harten Berliner Szene wurde er akzeptiert, obwohl er aus dem »feinen« Zehlendorf stammte. Später wurde aus »Prinz Porno« dann »Prinz Pi«, der mit Indiepop experimentierte. Schließlich folgte ein Studium an einer Kunsthochschule – und die Geburt zweier Kinder.

»Ich koche gerne mit meinen Kindern«, sagt Prinz Pi. Pizza würden sie oft zusammen machen, denn an jedem Schritt, am Teig-Kneten und Ausrollen und am Belegen könnten Kinder altersunabhängig teilhaben. »Mir geht es vor allem darum, dass sie ein Bewusstsein für Zutaten entwickeln«, sagt Pi. »Außerdem verstehen sie so, dass die Pizza weder vom Kellner, noch aus der Kühltruhe kommt, sondern dass man sie einfach selbst machen kann.« Damit will er seine Kinder sensibilisieren, und vielleicht auch ein bisschen sich selbst.

Dass Menschen in Deutschland so ungern Geld für gutes Essen ausgeben und es nur um möglichst große Portionen auf den Tellern geht, das kann Prinz Pi nicht nachvollziehen. »Kleine Portionen fördern den Genuss«, sagt er. Um für seine Familie und für sich für Genuss zu sorgen, ist er immer auf der Suche nach neuen Rezepten – und entwickelt manchmal sogar welche selbst. Panierten Fisch zum Beispiel, mit Linsensalat und Salsiccia. Kochen, das sei Entspannung, sagt Pi, und außerdem ein total einfaches Ding: »Jeder kann das. Es ist nicht überkompliziert, kein Stress, man muss dafür nichts studiert haben.« Kochen ist also für Pi auch ein Gegengewicht zu seiner Musik, die durchaus mal sperrig werden kann. Das wissen die Fans aber auch zu schätzen – so wie Prinz Pi den Ferrari und das Essen.

CASHEW-EIS

*Für ca.
1 Liter Eis*

600 g Cashews, geröstet und gesalzen
160 g brauner Zucker
½ l Milch (3,5 % fett)
3 Eigelb

1 500 g der gerösteten Cashews im Blender bzw. Standmixer oder in einer Gewürzmühle mahlen, bis eine Paste entsteht. Den braunen Zucker und die Milch in einem Topf auf ca. 70 °C erhitzen und den Zucker ganz in der Milch auflösen.

2 Das Milch-Zucker-Gemisch zum Cashewmus in den Mixer geben und mixen. Die Masse auf Zimmertemperatur abkühlen lassen, dann die Eigelbe dazugeben und sofort auf höchster Stufe mixen, damit sie nicht flocken.

3 Den Mix in eine Eismaschine geben und zu einer gefrorenen Eismasse verarbeiten. Zum Schluss die restlichen 100 g der Cashews hacken und nach dem Anrichten über das Eis streuen.

LEBER AUF BRIOCHE
AN ERDBEEREN

Für 4 Portionen

1 Brioche
1 EL Butter
400–500 g Erdbeeren
¼ Glas Wasser
1 Prise Zimt
1–2 TL brauner Zucker
600 g Gänsestopfleber
grobes Meersalz (nach Belieben)
Pfeffer

1 Brioche in ca. 3 cm dicke Scheiben schneiden, in der Butter von beiden Seiten goldbraun anbraten und beiseitestellen. Erdbeeren putzen und mit dem Wasser, dem Zimt und dem braunen Zucker aufkochen; dann pürieren, bis die Masse schön cremig ist.

2 Die Gänsestopfleber von beiden Seiten bei starker Hitze in einer Pfanne ohne Fett oder Öl anbraten. Die gebratene Leber dann auf den Brioche-Scheiben anrichten, die Erdbeersauce darübergeben, mit grobem Meersalz und Pfeffer würzen und direkt servieren.

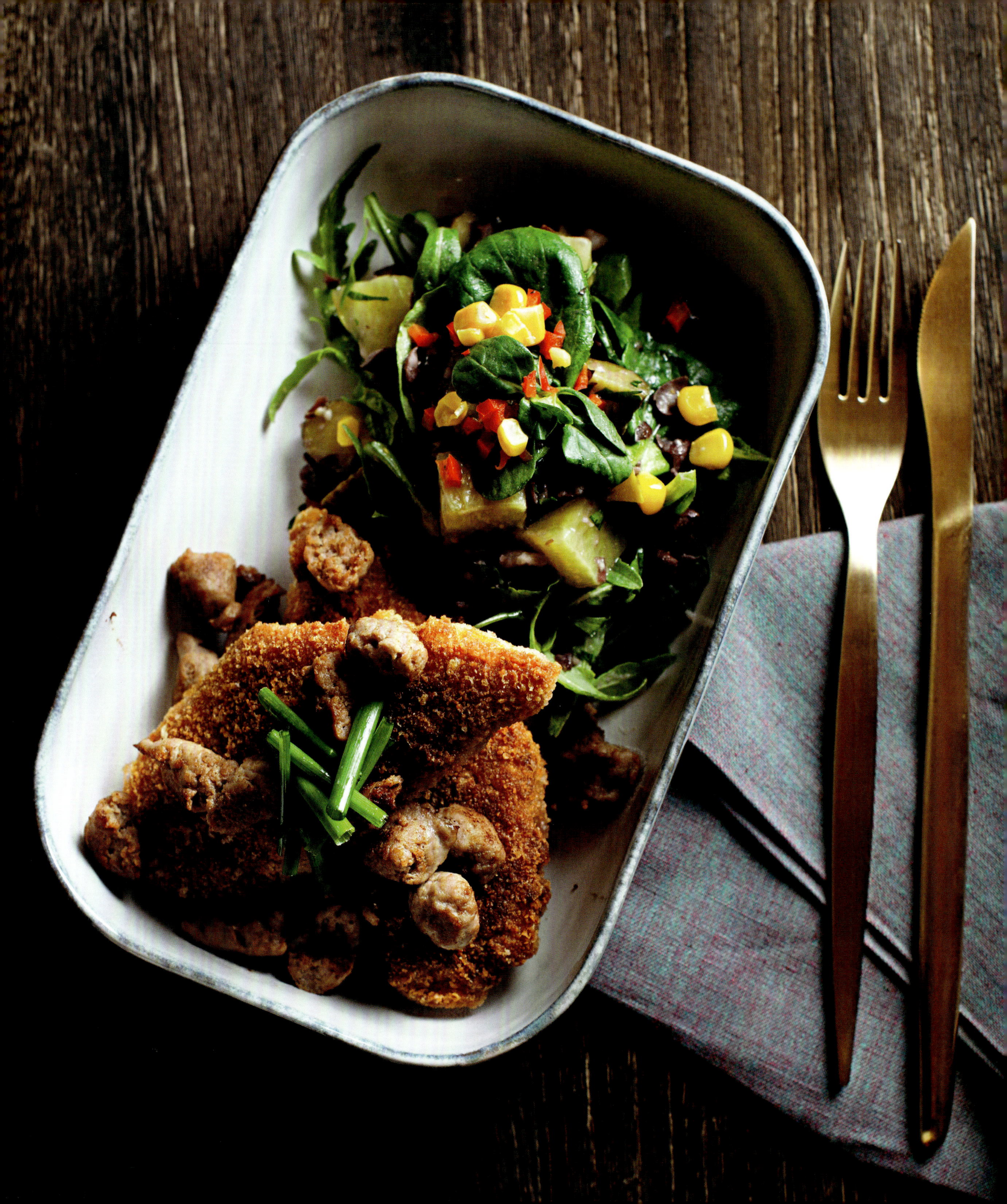

SALSICCIA-FISCH
MIT SALAT

Für 4 Portionen

800 g weißen Fisch
2 Eier
100 g Parmesan
200 g Panko-Mehl (Asia-Semmelmehl)
100 g schwarze Linsen
10 EL Erdnussöl
200 g Salsiccia
100 g Gewürzgurke
100 g Senfgurke
500 g frischer junger Blattspinat
Salz, Pfeffer

1 Fischfiletstücke in die gewünschte Größe schneiden. Für die Panade zunächst die Eier in einer Schüssel verquirlen und mit Salz und Pfeffer würzen. Den Parmesan fein reiben und mit dem Panko-Mehl in eine zweite Schüssel geben. Den Fisch dann erst durch die Eimischung ziehen und danach mit der Parmesan-Mehl-Mischung panieren.

2 Die schwarzen Linsen in Salzwasser kochen und abkühlen lassen.

3 3–4 EL Erdnussöl in einer Pfanne erhitzen und den Fisch darin braten, bis er goldbraun ist. Salsiccia in dünne Scheiben schneiden oder wie kleine Fleischklößchen aus dem Wurstdarm drücken, dann ebenfalls in etwas Erdnussöl braten.

4 Gewürzgurken und Senfgurken in dünne Spalten schneiden und mit den schwarzen Linsen und dem Spinat zu einem Salat vermischen.

5 Den Salat mit Salz, Pfeffer und Erdnussöl abschmecken. Zum Schluss den panierten Fisch und den Salat auf einem Teller anrichten, mit der gebratenen Salsiccia belegen und servieren.

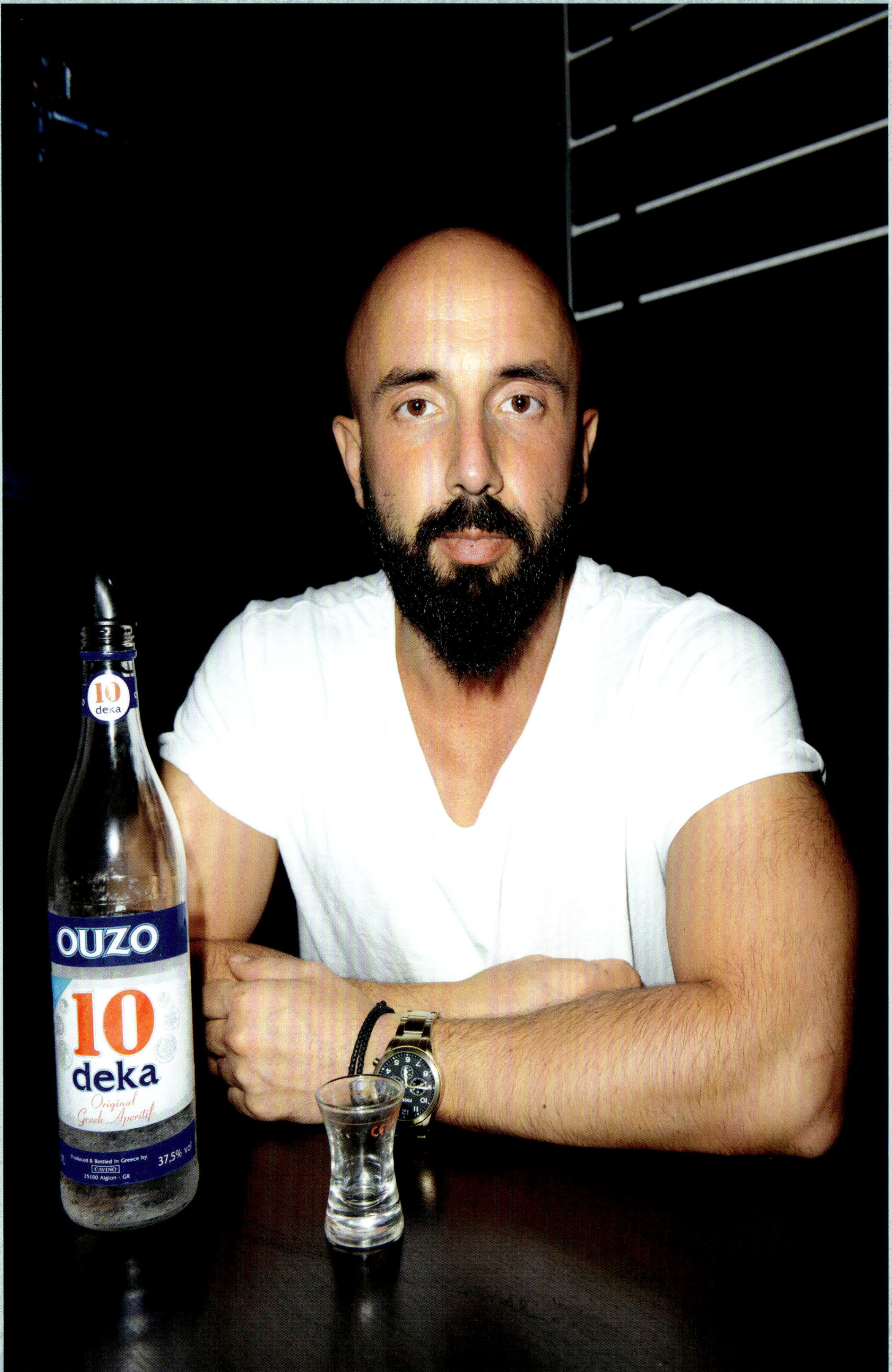
OUZO
10
deka
Original Greek Aperitif
37,5% vol

JAYSUS

Jaysus entdeckte Shindy, einen der erfolgreichsten deutschen Rapper – und Kay One, einen der kontroversesten. Mit seiner eigenen Gruppe »Chablife« hat er den Rap in Baden-Württemberg geprägt. Bei ihm zu Hause gab es statt Spätzle aber griechische Speisen, denn die Mutter stammt von dort. Mit der griechischen Küche kennt Jaysus sich bestens aus. Woran man ein gutes griechisches Restaurant erkennt, weiß er genau.

Wir sitzen in einem griechischen Restaurant in Berlin, im Hintergrund läuft traurige Folkloremusik. Jaysus und der Kellner unterhalten sich lebhaft in ihrer Landessprache. Währenddessen wird Ouzo eingeschenkt. Jaysus rappt zwar seit über zwanzig Jahren auf Deutsch, spricht aber, wie er selbst sagt, auch akzentfrei Griechisch. »Ich bin als Kind vormittags auf eine deutsche und nachmittags auf eine griechische Schule gegangen.« Der Kellner jedenfalls ist glücklich über seinen Gesprächspartner und macht den Vorschlag, einfach von allen Speisen ein bisschen was zu bringen und in der Mitte des Tischs zu platzieren. In Griechenland isst man so. Es geht um Geselligkeit, ums Teilen und nicht um das egoistische Reinschaufeln einer »Aphrodite«-Grillplatte. Eine Stunde essen, drei Stunden quatschen – das sei die Regel im Restaurant, sagt Jaysus. Die griechische Küche sei in Deutschland aber total unterschätzt. »Viele einfache Leute sind von Griechenland nach Deutschland gekommen, und ihre einzige Möglichkeit war es, ein Restaurant zu eröffnen. Gute Köche sind die aber nicht, darum beschränkt sich die Auswahl auf Grillteller und Zaziki. Es gibt aber so viel mehr!« Die zweite Ouzo-Flasche ist fast leer, die dritte hat der Kellner einfach auf dem Tisch stehen gelassen. Jaysus greift zu, noch lieber sei ihm aber der etwas konzentriertere Schnaps »Tsipouro«. Den gibt es auch zum Essen, wenn er selbst kocht.
Jaysus wuchs in Baden-Württemberg auf; sein Vater war Schwabe, seine Mutter Griechin. Schon damals half er ihr beim Zubereiten des Essens. Als er schließlich von zu Hause aus- und mit seinem Bruder zusammenzog, begann er selber zu kochen. Oft gab es Bolognese, die könne er am besten. Jaysus und seine Gruppe »Chablife« waren Mitte der Nullerjahre die einzige relevante Rapcrew aus der Bodensee-Region. Sie veröffentlichten ihre Musik sogar über das legendäre Berliner Untergrundlabel »Royal Bunker«. Später gründete Jaysus zusammen mit seinem Bruder sein eigenes Label »Macht Rap«, fungierte als Mentor von Shindy und kochte (trap-)soundtechnisch sein eigenes Süppchen. Das tut er heute noch, sogar wortwörtlich. Denn Musik und Kochen – diese Kombi sei die Erfüllung. Momentan arbeitet Jaysus im Studio und auch in der Küche. »Sachen klein schneiden, etwas braten, mit Gewürzen rumspielen und dabei Musik hören entspannt mich«, sagt er.
Die unzähligen Teller und Schüsseln in der Mitte unseres Tischs sind mittlerweile leer. Jaysus schenkt allen noch einmal nach und gibt einen Tipp: »Gute griechische Restaurants erkennt man schon daran, dass in ihnen keine Fake-Skulpturen rumstehen. Skulpturen gehören ins Museum«, sagt er und muss lachen. Darauf einen letzten Ouzo!

Unser Gespräch ...

... fand im Asteria statt.

„**DIE GRIECHISCHE KÜCHE WIRD IN DEUTSCHLAND TOTAL UNTERSCHÄTZT.**

RESTAURANT-TIPPS
THE LITTLE GREEK TAVERNA, *Stuttgart*
COA, *Stuttgart*
BURHAN, *Stuttgart*
MAX & MORITZ, *Kressbronn am Bodensee*
CUBE, *Stuttgart*

OMELETT MARIA

Für 1 großes Omelett

½ grüne Spitzpaprika
½ rote Spitzpaprika
½ gelbe Spitzpaprika
1 Zwiebel
1 Knoblauchzehe
½ Tasse Olivenöl
1 große Tomate
1 Prise Zucker
5 Eier
Feta-Käse (nach Belieben)
Salz, Pfeffer

1 Paprika putzen und die Kerne entfernen, dann in lange Streifen schneiden. Die Zwiebel und den Knoblauch abziehen und in Streifen bzw. Scheiben schneiden.

2 Das Olivenöl in einer tiefen Pfanne erhitzen und Paprika und Zwiebeln bei mittlerer Hitze für ca. 3 Minuten braten; dabei oft umrühren.

3 Die Tomate würfeln und die Würfel zusammen mit dem Knoblauch und dem Zucker in die Pfanne geben. Mit Salz und Pfeffer würzen und dann bei geringer Hitze für 3–5 Minuten weiterköcheln lassen, bis die Flüssigkeit des Gemüses komplett verdampft ist.

4 Die Eier aufschlagen, verrühren und zum Gemüse in die Pfanne geben. Mit Salz und Pfeffer würzen. Das Omelett bei geringer Hitze weiterbraten, dann mit Feta bestreuen und in der Mitte zusammenklappen. Noch 2–3 Minuten ziehen lassen und servieren.

BOLOGNESE

> *Für 4 Portionen*

2 EL Olivenöl
1 große Karotte
1 Knoblauchzehe
500 g Rinderhackfleisch
1 mittelgroße Zwiebel
2 Tassen Wasser
3 EL Tomatenmark
10 Pfefferkörner
2 Lorbeerblätter
etwas Milch
Paprika (nach Belieben)
Oregano (nach Belieben)
1 Prise Zimt
Salz, Pfeffer

1 Olivenöl in einer tiefen Pfanne auf geringer Stufe erhitzen. Karotte und Knoblauchzehe reiben, in die Pfanne geben und mit dem Pfannenwender ständig umrühren. 3–5 Minuten braten, dann das Hackfleisch hinzugeben und schnell mit dem Pfannenwender oder einem Holzlöffel zerkleinern. Die Zwiebel würfeln, mit in die Pfanne geben und mitbraten.

2 Wasser und Tomatenmark hinzufügen und umrühren, bis sich alles etwas verdickt.

3 Pfefferkörner und Lorbeerblätter sowie einen Spritzer Milch dazugeben. Mit Salz, Pfeffer, Paprika und Oregano nach Belieben würzen und eine kleine Prise Zimt dazugeben. Bei geringer Hitze ca. 30–45 Minuten weiterköcheln lassen. Am besten mit Spaghetti, gern auch Vollkornspaghetti, servieren.

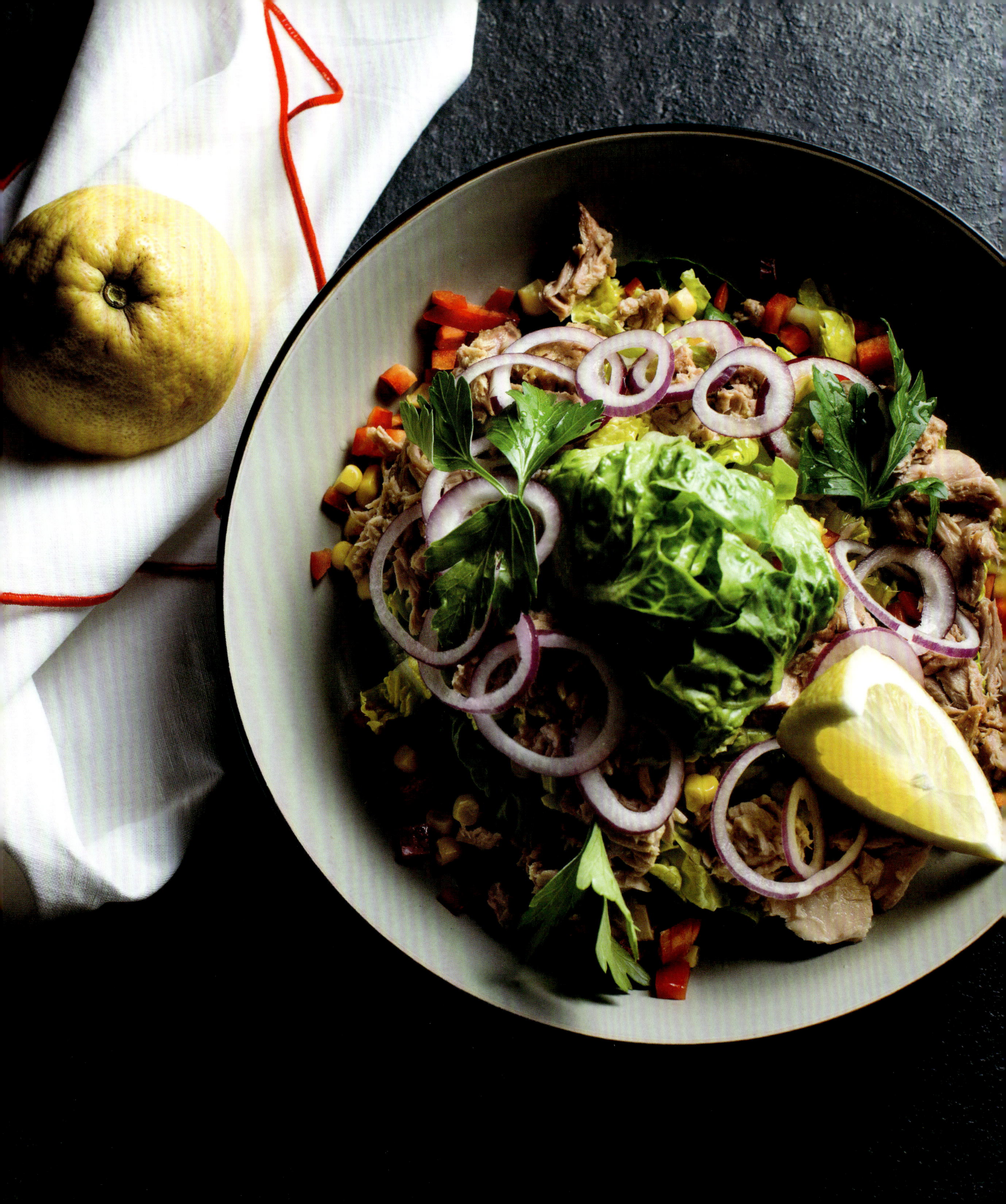

THUNFISCHSALAT MOURESI

Für 4 Portionen

1 mittelgroßer Kopf Eisbergsalat
1 Spitzpaprika
1 mittelgroße Zwiebel
Petersilie (nach Belieben)
2 Dosen Thunfisch, im eigenen Saft
Saft von 2 Zitronen
2 EL Olivenöl
Salz, Pfeffer

1 Den Eisbergsalat und die Spitzpaprika putzen, in dünne Streifen schneiden und in eine Salatschüssel geben. Die Zwiebel schälen und in feine Ringe schneiden; Petersilie hacken und zusammen mit den Zwiebelringen zu der Paprika und dem Eisbergsalat geben.

2 Den Thunfisch abtropfen lassen und hinzufügen. Alles mit Salz und Pfeffer würzen und Zitronensaft sowie Olivenöl dazugießen. Den Salat vorsichtig vermengen und am besten mit frischem Fladenbrot servieren.

DANK

Ich möchte noch Danke sagen. Zuallererst natürlich den Künstlern, die bei *Rap Kitchen* mitgemacht und uns ihre Lieblingsrezepte verraten haben. Dieses Buch ist nur durch euch möglich geworden!
Außerdem danke ich unserem Verlag, Callwey, und dort vor allem Marcella und Valerie, für ihre Geduld, ihre Ideen und für ihr fachliches Wissen.
Bei meinen Herausgebern Axel und Patrick von Walk This Way Records bedanke ich mich für den unermüdlichen Support und dafür, dass sie mir immer mit Rat und Tat zur Seite standen.
Bei Johann Voigt, einem der besten Autoren im Deutschrap-Kosmos, bedanke ich mich für die stabilen Texte. Denn ohne die wäre *Rap Kitchen* nicht mal halb so rund.
Ein besonderer Dank gilt außerdem Basty, der die Rezepte der Rapper so kunstvoll zubereitet hat. Auch an meinen Chef bei Backspin und Autor des Vorworts, Niko Hüls, gehen Dankesgrüße raus.
Zu guter Letzt danke ich meinem früheren Team von Rap-ist.net. Ohne euch wäre ich nie dazu gekommen, Rapper zu fotografieren, und dieses Buch wäre nie entstanden.
Also: Danke! Ich küsse eure Augen!

Emil Levy Z. Schramm

REGISTER

A
Atzenchili 76
Avocadostulle 40

B
Baklava 143
Bananenbrot 32
Beef Stew 87
Binichnich-Burger 43
Bolognese 187
Bratapfel 19
Buletten mit Süsskartoffeln und Bohnen 95

C
Cashew-Eis 178
Ćevapčići 60
Congris 151
Croque Monsieur 24

F
Fish & Chips 55

G
Garnelencurry mit Babyspinat 85
Gebeizter Lachs 111
Gebratene Kochbanane 27
Gemüsecurry 169
Gemüsesuppe mit Spinatknödeln 16
Germknödel mit Mohntopping 157
Gnocchi mit Steinpilzsauce und Trüffeln 25

H
Hot Wings 71

K
Kartoffel-Zucchini-Puffer mit Joghurtdip 166
Käsespätzle mit Röstzwiebeln 141
Kokospralinen 93

L
Lasagne 120
Leber auf Brioche an Erdbeeren 179

M
Mango-Feldsalat 171
Mango-Milchshake 149
Manti mit Joghurtsauce 103
Marillenknödel 156
Maultaschen 167
Melonen-Feta-Salat 167
Menemen 61

O
Omelett Maria 186
Omelett mit Pilzen und Paprika 129
Ostlernudeln 113

P
Pancakes 94
Pizza mit Nussboden 33
Pizza Speziale 69
Proteinbombe 41
Protein-Cheesecake 123
Protein-Pizza 121
Pulled Pork Burger 115

Q
Quinoa-Salat 77

R
Risotto mit gebratenen Pilzen 79
Rote Linsensuppe 140
Rouladen mit Serrano-Schinken 112

S
Salsiccia-Fisch mit Salat 181
Sarme 63
Semmelknödel mit Pilzragout 17
Sigara Börek 101
Spinatquiche 131
Steak mit Ofenkartoffeln 148
Sucuk-Sandwich 139
Süßkartoffelsticks mit Hummus 35

T
Tafelspitz mit Semmelkren 15
Tai-Marc-Salat 53
Thunfischsalat Mouresi 189
Tom Kha Gai 51
Tortillachips-Auflauf 84

V
Vareniki 173
Veganer Oktoberfestaufstrich 54

IMPRESSUM

CALLWEY
SEIT 1884

© 2018 Verlag Georg D.W. Callwey GmbH & Co. KG
Streitfeldstraße 35, 81673 München
buch@callwey.de
Tel.: +49 89 436 00 50
www.callwey.de
Wir sehen uns auf Instagram: www.instagram.com/callwey

ISBN 978-3-7667-2359-8
1. Auflage 2018

Das Werk einschließlich aller seiner Teile ist urheberrechtlich geschützt. Jede Verwertung außerhalb der engen Grenzen des Urheberrechtsgesetzes ist ohne Zustimmung des Verlags unzulässig und strafbar. Das gilt insbesondere für Vervielfältigungen, Übersetzungen, Mikroverfilmungen und die Einspeicherung und Verarbeitung in elektronischen Systemen.

DER AUTOR
Johann Voigt ist freier Journalist in Berlin und schreibt Geschichten über Dinge und Undinge der Popkultur. Er war Teil der Redaktion des größten deutschen Hip-Hop-Magazins *JUICE*, heute erscheinen seine Texte in Medien wie *taz, Die Zeit, Musikexpress* und *jetzt.de*.

DER FOTOGRAF
Emil Levy Z. Schramm ist ein talentierter und erfahrener Food- und People-Fotograf, der schon so gut wie alle Schwergewichte der deutschsprachigen Hip-Hop- und Rapszene vor seiner Linse hatte. Er begegnet den Stars auf Augenhöhe. Seine Bildsprache ist rough und authentisch, aber nicht ohne den gewissen Glamourfaktor, der das Showbusiness ausmacht.

DER HERAUSGEBER
Herausgeber dieses Buchs ist das Label »Walk This Way Records«.

Fotocredits:
Inhaltsverzeichnis, S. 4: Robin Gower, Noiz Two
Haze, S. 58: Ben Baumgarten
Eunique, S. 83: Dung Nguyen
3Plusss, S. 127: Lukas Richter

Dieses Buch wurde in CALLWEY-QUALITÄT für Sie hergestellt:
Als Inhaltspapier haben wir ein Magno Satin in 150 g/m2 verwendet – ein halbmatt gestrichenes Bilderdruckpapier, dessen seidige Oberfläche dem Inhalt den gewünschten Charakter gibt. Das matte Hardcover wurde mit einer Spotlackierung des Titels veredelt.
Dieses Buch wurde in Deutschland gedruckt und gebunden bei optimal media GmbH in Röbel/Müritz.

Viel Freude mit diesem Buch wünschen Ihnen:
Projektleitung: Valerie Borchert
Redaktionelle Mitarbeit: Raffaela Reif
Lektorat: Catinka Feiler
Korrektorat: Asta Machat
Grafische Gestaltung & Satz: Anna Schlecker
Herstellung: Franziska Gassner